Warum gerade ich Gedicht?

Wolf-Uwe Erdzack

Warum gerade ich Gedicht?

Gedichtband

Das Werk und alle seine Teile sind urheberrechtlich geschützt. Jede reale und denkbare Nutzung bedarf der vorherigen schriftlichen Einwilligung des Autors.

Weder das Werk noch seine Teile dürfen ohne eine solche Einwilligung eingescannt und in ein Netzwerk eingestellt werden.

Die Verwendung elektronischer Systeme und Verfahren der Fotokopie, Mikrofilm und andere Verfahren bedürfen der vorherigen schriftlichen Genehmigung des Autors.

Bibliografische Information der Deutschen Nationalbibliothek:
Die Deutsche Nationalbibliothek verzeichnet diese Publikation in der Deutschen Nationalbibliografie;
detaillierte bibliografische Daten sind im Internet über
http://dnb.d-nb.de abrufbar.

© 2014 Wolf-Uwe Erdzack
Satz, Umschlaggestaltung, Herstellung und Verlag: BoD – Books on Demand
ISBN: 978-3-7386-6522-2

Inhalt

Die Nutzung meiner Gedichte	9
Der Sklave	11
Die Musik	13
Am Rande	15
Der Humor	17
Das Lernen	18
Der Wunsch	19
Der Irrsinn	20
Die Kleinigkeit	22
Der Verrat	24
Die Ungeduld	25
Nach der Arbeit	26
Das Auto	27
Die Osterzeit	29
Die Gesundheit	30
Das Absurde	31
Die Freiheit	32
Die Verwechslung	35
Das Träumen	37
Das Geld	38
Einfach so!	40
Der Umzug	41
Sommertag	42

Die Mischung	43
Der Augenblick	44
Der Ignorant	45
Erinnerung an einen alten Weisen	46
Das alte Paar	47
Die Erfüllung	49
Die reife Frau	50
Unser Jahr	51
Die Gemütlichkeit	53
Das Kind	54
Der Vergleich	55
Der Sog	56
Die Beziehung	59
Die Wiederholung	60
Das Teeny-Girl	61
Die Unterlassung	63
Die Übertreibung	64
Die Intention	66
Weihnachtsgedanken	67
In den Gärten des Vatikans	68
Die Illusion	69
Der Zwiespalt	70
Der Besondere	71
I Die Gefühle	72
II Die Sensibilität	73

Der Sammler	74
Die Tür	75
Der Lebensstrauch	76
Der Vorteil des Gedichts	78
Vorher geboren	79
Gelächelt	80
Der Fels	81
Die Einsicht I	82
Die Einsicht II	83
Die Einsicht III	84
Die Intimität	85
Der Bus	87
Das Ausland I	89
Das Ausland II	90
Das Unerlebbare	91
Die Ideen der Stimmungen	92
Der Nörgler	93
Buchstabenbetonungsgedicht	95
Die Zahl	96
Die Strafe	97
Die Einladung oder Das russische Mädchen	99
Die Missachtung	100
Das Nichtwissen	102
Die Kraft	104
Die Unbestimmbarkeit	106

Die Bitte	107
Der Stolz	108
Die Gefahr	109
Der Bilderbaukasten	111
Das Normale	114
Gottes Wunder	115
Andrea Berg	116
Das wirkliche Leben	117
Der Frauenarsch	118
Farbengedicht	118
Zwei Seelen und der Frühling	121
Meine Söhne < An Edwin und Edmond >	123
Das Signal	125
Die Romantik	127
Der Radius	128
Der Beweis Gottes	129
Sehnsucht	132
Der Blick nach vorn zurück	133

Die Nutzung meiner Gedichte

Immer auf den Punkt gebracht,
das ist, was ich anstreb und liebe,
mal unbarmherzig direkt, mal gnädig sacht,
aus einer Riesenmenge ich das Wesentliche siebe.

Nicht die Banalität mich interessiert,
sondern das, was ich vom Leben begehre.
Wenngleich sooft das Unterrangige regiert,
ich mich selbst zum Anderssein belehre.

Jedes Denken, Sinnieren und Überlegen
und jedes Produkt, was daraus erwächst,
möchte ich erhalten, schützen, hegen.
Welt, du so viel vor mir versteckst!

Ich glaub, dass ich auch häufig etwas finde,
was mir und meinen Lesern beschert einen Wert,
und schreiben tu ich für den Greis bis zum Kinde.
Jeder ist erwünscht, von naiv bis hochgelehrt.

Na klar, wenn viele zustimmend nicken,
hab ich ein schönes Gefühl und bin erfreut.
Aber falls einige auf die Texte ablehnend blicken,
so hab ich für mich keine Zeile je bereut.

Ja, ein Teil der Gedichte soll mitunter erziehen
und manchmal dreht es sich primär um Moral.
Philosophischen Weisheiten möcht ich nicht entfliehen.
Ihr lieben Adressaten behaltet für Euer Handeln die Wahl.

Aber vor allem sollen wir gemeinsam genießen,
wenn eine Zartheit unsere Seelen beschwingt.
Spüren, wie Glücksportionen unsere Körper durchfließen,
eine Verschmelzung unserer Gedanken in Harmonie gelingt.

Der Sklave

Heikles Thema, viele Fragen,
der Versuch ist's trotzdem wert,
Gedanken reichlich hier zu wagen,
Nihilismus entsprechend verkehrt!

Sex ist eine jener Säulen,
die des Menschen Plattform halten,
und sehr viele schon aufheulen,
dürfen sie nicht frei dort schalten!

Letztlich tun wir dies auch nur;
vielfach mit großer Wonne;
weil wir folgen der Natur,
seit's Leben hat begonne'!

So sind glücklich zu nennen
jene, für die der Sex gelungen.
Liebe empfangen ihre Antennen,
Hingabe und Lust unerzwungen!

Doch da ist die andere Gruppe,
mannigfaltig sind die Neigungen in ihr.
Sie steht hoch auf einer Kuppe,
den Abgrund tief im Visier!

Für ihren Sex empfinden sie Scham.
Stark regt sich dieser Menschen Gewissen,
aber der Trieb legt die Änderung lahm.
Eine Lösung sie inbrünstig vermissen!

Unterschiedlich groß ist ihr Hass
auf sich selbst und die Umstände.
Ihre Einstellungen erscheinen uns krass.
Als Sklave sehen sie sich – ohne Einwände!

Ja, sie warten leidenschaftlich auf die Zeit
des Endes ihrer verwünschten Sklaverei.
Für ein Leben ohne Sex sind sie bereit.
Das „normale" Leben alles für sie sei!

Sie dieses Ziel auch erreichen,
mein Daumendrücken ist sehr stark,
dem Leben nicht auszuweichen,
die Rettung sich nicht verbarg!

Die Musik

Knack, knack, knack – auf ist das Schloss,
hereinspaziert ins Zentrum unserer Seele!
Ein wundervoll spielender Musikertross
uns den Verstand will stehle'.

Doch im Moment ist's uns egal,
die Melodie trägt uns weit fort.
Wir betreten Menschen heiligsten Saal,
von aller Gewöhnlichkeit fernab ein Ort.

Dort tanzen unsere Gedanken wild,
erzeugt werden nie gekannte Ideen.
Erblicken ein völlig neues Lebensbild,
unglaublich turbulent das ganze Geschehen.

Wir fühlen uns auf dem Mittelpunkt der Erde,
ein unbewusstes Ziel dabei erreicht.
Erloschen in uns jed' konkrete Begierde,
Gott sanft über unsere Köpfe streicht.

So sind der eigenen Explosion wir nah,
in anderer Form würden weiterexistieren.
Plötzliche Ruhe verursacht, dass dies nicht geschah.
In nüchterner Sachlichkeit uns bald verlieren.

Stark ermüdet, wir jedoch wissen,
nur für heute war's der letzte Ton.
„Wunder Musik" wollen wir nie missen,
unser Gemüt – sehnsüchtig wartet schon.

Am Rande

Gleise – unbefahren seit Jahren;
Strecke – stillgelegt und nur vergessen!
Unkraut vermehrt sich wie besessen,
rostige Leitungsmäste stieren in Scharen.

Überall spürt man das Abseits;
verloren gar der ganze Ort!
Vergangenheit drückt das Heute fort;
nur die Erinnerung scheint von Reiz.

Doch wird getan ein zweiter Blick,
so sieht man nette Dinge,
Natur sich dezent einbringe;
die Abgeschiedenheit ist mancher Glück!

Der Mensch, der ausgestoßen und unbegehrt,
kann sich nicht mehr inszenieren,
folglich ihm niemand applaudieren;
obgleich er hat auch seinen Wert!

Wollen wir ihn nicht beschenken?
Nach guter Überlegung hoffentlich bereit,
zu geben eine nützliche Aufmerksamkeit,
mit Zuversicht wird er an uns denken!

Der Humor

Auf unserem großen Lebensplatz
steht eine stattliche Zahl schöner Feen,
halten Einladungskarten, geschmückt als Schatz.
Wohin denn möchten wir gehen?

Die Auswahl – sie ist reichlich schon,
doch vieles wir gleich ablehnen.
Wissen um des Daseins ernsten Ton,
wir uns nach Heiterem sehnen.

So zieht uns magisch an ein Schild,
das weist den Weg in jenes Reich,
wo der Humor einfach alles gilt.
Die Beine werden vor Lachen weich.

Gesichter ziehen lustige Grimassen,
Komödianten spielen Gag auf Gag.
Die Albernheit ist nicht zu fassen.
Die Jokes drücken einem den Atem weg.

Der Spaß lässt uns ersehnt befreien.
Wir fragen nicht woher – wohin.
Mit Gleichgesinnten bilden wir lange Reihen.
Allein die Narretei ist unser Sinn!

Das Lernen

Kind hier
Lernprozess unendlich schier
Spiel ist Katalysator
Entdeckerlust schnellt empor

Senior dort
vergessen das Schlüsselwort
Arbeit ist Routine nur
Neuem gegenüber stur

Leicht und schlüssig der Vergleich,
doch das Leben presst ihn weich.
Wollen hinschauen wir genau,
macht uns selber das schön schlau.

Senior hier
Weiterbildung keine Zier
Vielwissen ist modern
altes Eisen geworfen fern

Kind dort
Schule häufig Fremdwort
Lernen fällt durchs Raster
der begehrten Lebenslaster

Letztlich das Motto für alle gilt:
„Lernen setzt uns gut ins Bild",
Schülerschar – tolle Zunft,
strahlt aus – Zukunft!

Der Wunsch

So viele Länder
So viele Städte
So viele Häuser
So viele Meere
So viele Seen
So viele Flüsse
So viele Wälder   Aber
So viele Wiesen
So viele Parks   nur
So viele Berge
So viele Täler   ein
So viele Höhlen
So viele Pflanzen   Leben
So viele Tiere
So viele Menschen
So viele Ideen
So viele Meinungen
So viele Gefühle

Wunsch, die Möglichkeit zu schaffen,
Zeit zu haben, nichts zu raffen.
Genussvoll so vieles zu erleben,
tausendfach Glück zu vergeben.

So viele Rollen auf einen warten!
So viele Beziehungen gibt's zu starten!
So viele Situationen zu entdecken!
So viele Träume aus dem Schlaf zu wecken!

Der Irrsinn

„Ordnung ist das halbe Leben",
wer kennt nicht diesen Spruch,
doch man muss nicht daran kleben,
sonst wird schnell daraus ein Fluch!

Aus gutem Grund im Sinn erzogen,
die Sachen zu erhalten, mehr zu schonen,
wird daraus eine Manie, durchaus gepflogen,
der zu frönen, wird's nicht lohnen!

Ja, wo fangen wir an und hören auf,
wenn uns die Perfektion hat angesteckt.
Wann noch lassen wir den Dingen ihren Lauf,
haben wir erst richtig Blut geleckt!

Schlimm, dass die Sicht uns dann verstellt
auf des Lebens häufig frohen Anblick,
heiteres, entspanntes, kleines Chaos nicht gefällt,
vehement gerechtfertigt wird der Tick!

Machen wir uns selbst verrückt,
wiegt der Irrsinn schon recht schwer.
Jedoch der Angriff auf die Umgebung glückt,
gibt es kein Entschuldigen mehr!

Einsicht wär der erste Schritt,
Tor zur entscheidenden Frage:
Welches Maß nehm ich noch mit,
welchem Teil ich dann entsage?

So wird schließlich selbst man frei
im eigenen Denken und Handeln.
Die Suche damit eröffnet sei –
mit welchen Werten zu wandeln!

Die Kleinigkeit

Täglich hoffen wir, sie zu erleben:
Freude, die wir selbst uns schenken
oder andere gern uns geben.
So, positiv eigenes Handeln lenken.

Die großen Feste fallen eher selten.
Wir wünschen ein wenig öfters sie herbei.
Doch niemand, nichts wollen wir schelten,
wissend, dass dies ungerecht sei.

Denn da gibt es tausend Dinge,
die uns lassen stets erfreun.
Ein netter Dank von uns erklinge,
Umstände wir jetzt nicht scheun.

Kleinigkeit – häufig verwendetes Wort
für Gegebenheiten, die uns machen froh.
Sind von natürlich belebendster Sort'.
Zweifelsfrei etikettieren wir mit „Pro".

Und ist es überhaupt richtig,
diese Tatsachen klein zu nennen?
Sind uns wertvoll und so wichtig,
wahrlich Größe kann man hier erkennen!

Also wollen wir gar nicht warten,
aktiv in diesem Sinn – das ist gefragt!
Verteilen überall die Glück-bring-Karten,
so ein Tun ist „in" und angesagt!

Der Verrat

Lösen einer alten Bande,
die so innig und so echt.
Was ist Grund für diese Schande
und kann geben solches Recht?

Ist es nur ein schlechtes Wesen,
Falschheit bis zur Haaresspitz'?
Betroffener dürft nicht genesen –
zu fest ist des Bösen Sitz!

Oder kreiert nur der Zufall;
lässig, absichtslos sein Spiel?
Richtungswechselnd rollt der Ball,
aufgebrochen zu neuem Ziel.

Vielleicht ist es auch bloß Neugier,
die da tauschen lässt die Front?
Wer zertrennt ein altes „Wir",
beeinflusst durch banalen Grund?

Ist die Wertung doch zu streng,
notwendig gar die Tat?
Eigenes Denken klein und eng?
Ist es wirklich ein Verrat?

Vorsicht ist schon angebracht,
wenn es gilt, hierbei zu werten!
Urteil erfolgt dann bedacht
für die einstigen Weggefährten.

Die Ungeduld

die Dimension - unausdrückbar
der Betrachter - kennzeichbar
das Wechselspiel - erklärbar
das Ganze - wunderbar

die Aufgabe - unerschöpflich
die Mittel - undeutlich
die Arbeit - außerordentlich
die Kraft - beharrlich

das Resultat - dürftig
das Bevorstehende - gewaltig
der Standpunkt - waghalsig
die Stimmung - ungeduldig

die Schlussfolgerung - utopisch
der Glaube - enthusiastisch
die Versuchung - magisch
die Dimension - phantastisch

Nach der Arbeit

Endlich – wohl das treffendste Wort,
vielfach leise auf den Lippen liegend,
geht's von der Arbeit fort,
in uns die Erleichterung siegend!

Durchgeschnauft und zu sich finden,
das Ich darf wieder selbst es sein,
Körper und Seele nicht mehr schinden,
zwanglos mit sich ganz allein!

Jetzt auch seine Macken leben,
tun, wie es einem nur gefällt,
Launen und Wünschen nachzugeben,
Hahn nicht kräht und Hund nicht bellt!

Freie Zeit – lasst sie genießen,
denn es ist nicht mehr so weit,
Freudenknospen sollen nun sprießen,
bevor es wieder heißt – Arbeit!

Das Auto

Kleines Wohnzimmer fährt durch die Welt.
Man ist draußen und doch drin.
Hält mal an, wenn's einem gefällt.
Schönes Ding mit so viel Sinn.

Vieles wird durchs Auto leicht,
was sonst problematisch wär.
Freiheit uns einen Zipfel reicht.
Dieser Umstand wiegt recht schwer.

Zeit und Raum gewinnt man nun.
Allen Insassen macht es Spaß.
Blicke auf das pralle Leben ruhn,
interessant ist immer was.

Schön ist auch das Individuelle,
ganz nach Neigung und Geschmack,
sorgfältige Wahl gewiss ohne Schnelle,
Auto glänzt im Lieblingslack.

Bei so großem Lobe nicht vergessen:
Vorsicht ist die erste Pflicht!
Sonst hat man es mal besessen
und wer weiß, was noch so bricht.

Die Osterzeit

Ganz anders als zu Weihnachten
lockt jetzt das Freie und Helle,
spüren in uns eine mächtige Welle,
wir nach Unentdecktem trachten.

Die Natur reicht uns ihre Frische,
so spornt sie an zur Tat.
Wer braucht denn da noch Rat?
Die letzten Zweifel beiseitewische.

Die Neugier kuppelt den Wagemut,
der Geist ist für fast alles offen,
auf glückliche Begebenheiten dabei hoffen.
Die Stimmung – sie ist einfach gut!

Verpackt sind die lästigen Fragen,
häufig Skepsis in unser Tun säen.
Unbelastet und voller Hoffnung wir spähen
nach des Daseins erhabenen Tagen.

Ungestillt ist nun unser Sehnen
nach langer Dauer dieser Phase,
der Osterstrauß anhaltend blüht in der Vase.
Wir könnten diese Zeit endlos dehnen!

Die Gesundheit

Jede Sekunde unseres Seins,
die von Lust erfüllt,
begründet sich letztlich auf eins,
das uns sicher umhüllt.

All die Taten und ihre Kraft
stammen aus wertvollster Quelle.
Dort entsteht der Lebenssaft,
der uns bewegt von der Stelle.

Elementar ist dieses Fundament,
darum sorgsam seine Pflege.
Wer also die Bedeutung kennt,
dem zeigen sich Glückes Wege.

Das Absurde

Geschmackvoll ist der Tisch gedeckt,
reichlich und bunt das Angebot.
Der Genießer hat schon die Finger geleckt,
ungeduldig und wartend leidet er Not.

Da trifft der Herr des Tages ein
und eröffnet das frohe Treiben.
Geladen sind alle – Groß und Klein,
niemand soll oder muss draußen bleiben.

So gehet und erfreuet Euch am Fest!
Die Vorbereitung war voller Fleiß.
Prächtig organisiert bis zum letzten Rest.
Nun tretet ein in den gemütlichen Kreis!

Verwunderung steht in des Veranstalters Gesicht,
denn noch frei sind reichlich Plätze.
Was ist derjenigen Dinge Sicht,
die nicht Halt machen in ihrer Hetze?

Welche Inhalte stecken in ihnen drin,
Gefangene vielleicht ihrer eigenen Monotonie?
Bloße Wiederkehr des Gewohnten ihr einziger Sinn,
niemals gelauscht des Lebens reizende Sinfonie?

Die Situation ist günstig nun,
geeignet der Ort, überreif die Zeit,
zu überdenken das persönliche Tun,
manche Neuansätze liegen bereit.

Die Freiheit

Ich such den Schlüssel für die Tür.
Welche Belohnung gibt es wohl dafür?
Doch Zwang – muss ihn erst finden,
Konzentration und Kräfte dabei schwinden.
Erlöst, denn dieser endlich passt,
mach mich nun auf die Welt gefasst.

Die Tür ist just kurze Dauer offen,
schon schleichen Zweifel in mein Hoffen.
Was seh ich auf den ersten Blick:
Notwendigkeiten, aufgereiht Stück an Stück.
Freilich steh ich zu meinem Entschluss –
die nächsten Schritte wagen muss.

Gesetze, Vorschriften, Regeln aller Art,
ein jeder mit Anweisungen auch nicht spart.
Mein Wesen erhält die passende Form,
ordnet sich ein der vorgeschriebenen Norm.
Ganz und gar diesbezüglich determiniert,
spür ich, wie mein Ur-Ich sich verliert.

Den objektiven Blick hab ich verloren
und bin dennoch dazu auserkoren,
den Sachverhalt Freiheit zu definieren,
die Logik treibt mich zu genieren.
Ungeachtet schreib ich in mein Seelenbuch:
„Freiheit – ihr Begreifen als Versuch".

All das Wissen und vielfältige Erfahren
menschlicher Entwicklung in Tausenden von Jahren
ermächtigt leider nicht zur Kompetenz,
zu beschreiben das Reich der Transzendenz.
Dessen Grenze ist so gut geschützt,
stärkster Angriff wohl nichts nützt.

Wahre Freiheit kann ich nicht erfassen,
müsste jede bekannte Struktur hinter mir lassen,
suchen und finden ein ganz anderes Sein.
Existierbar irgendwo oder nur Schein?
Leben stattfindet in einer neuen Dimension,
unbegreifbar zwar, sehr reizvoll schon.

Also bleibt die Freiheit nur ein Traum,
für die Phantasie ein dankbarer Raum?
Nun, wenn wir den Anspruch stutzen,
dürfen den Begriff dann auch schon nutzen.
Hier und da findet er seinen Platz,
empfunden stets als wertvoller Schatz.

Denn innerhalb der Gitter aller Zwänge
waltet nicht nur gnadenlose Strenge.
Dinge, Prozesse, Tätigkeiten stehen zur Wahl,
die fernab von irgendeiner Qual.
Kann ich dann diese Sachen tun,
Gefühl von Freiheit regt sich nun.

Dann scheinen die Lichter der Zufriedenheit,
das geheimnisvolle Anders ist eh so weit,
zumal sich der alltägliche Horizont
vorliebend in maßvoller Bescheidenheit sonnt.
So klapp ich für heut dieses Kapitel zu,
die Spur ist gelegt, folg ihr auch Du!

Die Verwechslung

Mittlerweile ist es so,
dank moderner Medien,
fremde Intimsphäre kriegt ein Pro,
jeder kann's bestätigen.

Was da alles wird enthüllt,
befriedigt manchen Gaffer,
Voyeurs Durst nun rasch gestillt,
Personen erscheinen im Raffer.

Denn Langeweile kommt schnell auf,
Wiederholungen machen dröge,
sexistisch setzt man einen drauf,
die Masse dies doch möge.

Der Wettbewerb, stark dekadent,
schaukelt sich hoch und höher.
Die Macher agieren sehr dezent,
kippend noch mehr Öl ins Feuer.

Ein Stopp für sie ist nicht in Sicht,
sie wirken in den Regeln.
Die Politik zeigt ihr öd' Gesicht,
mit Geldes Wind lässt sich gut segeln.

Höhnisch klingt da das Gered'
von Erziehung und Moral.
Jeder Hahn mit mehr Sinn kräht,
Marktes Gesetz bestimmt die Wahl.

Doch was heut utopisch scheint,
objektiver Zwang wird alles ändern.
Egal, was irgendein Quacksalber meint,
Leben schreitet zu neuen Ländern!

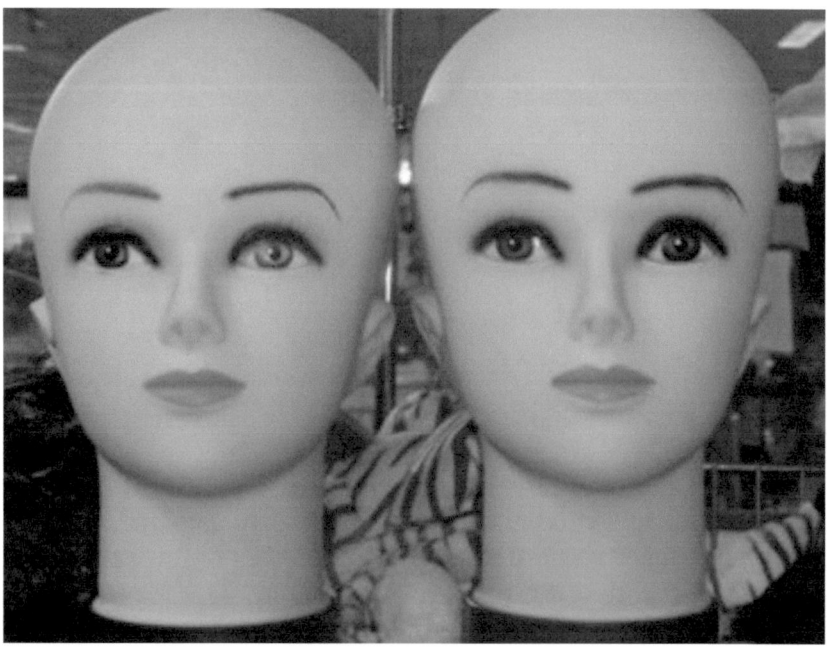

Das Träumen

Wo bin Ich – Du bist es.
Du tust es – Was mach Ich.
Körper -, Zeitenlosigkeit Ich mess,
Erlebnisse rasend drehen sich.

Fortsetzung des Tages in den Schlaf,
Verwechslungen scheinen der Plan,
Realität resigniert nun brav,
wippen kräftig Logik und Wahn.

Ein zweites Leben wird geschenkt,
Gefühle reichhaltig auch hier.
Wer ahnt, was uns dabei lenkt,
Einsicht darüber unmöglich schier.

So lassen wir es einfach geschehen.
Hoffentlich wird's ein glücklicher Traum,
wenn wir all unsere Lieben sehen
in einem nach Wünschen offenen Raum.

Das Geld

Vor uns liegt das große Spielfeld,
wir sagen Erde wohl dazu.
Den Menschen dies auch sehr gefällt,
voll und ausgefüllt wird es im Nu.

Ein Pfiff eröffnet schon das Spiel,
das alle als Leben kennen.
Wissen und beachten muss man viel,
möcht jemand nicht als Letzter rennen.

Besondere Aufmerksamkeit erhält ein Wert –
Geld ist sein magnetisierender Nam'.
Besitz davon ist heiß begehrt,
Kampf darum oft ohne Scham.

Von allem ist's die größte Droge,
die Massen in Rausch versetzt,
Denken und Handeln in ihrem Soge,
gierig danach, Alltags Strukturen vernetzt.

Die Menge, die man eigen nennt,
dürft größtenteils die Position entscheiden,
kein Wunder, dass Antrieb und Ehrgeiz brennt,
wer möchte sich da bescheiden.

So werden die Regeln oft verletzt,
die unser Spiel sollen schützen,
verschiedenste Waffen scharf gewetzt.
Wem wird's am Ende nützen?

Der Zeitpunkt scheint nicht mehr fern,
an dem wir sollten verzichten.
Haben viele das Geld auch noch so gern,
es könnt uns einst vernichten.

Schneller müssen wir begreifen,
dass sich die Dinge des Spielfeldes wandeln,
Früchte für lang gesäte Probleme reifen,
gefragt ist dann adäquates Handeln.

Der Widerstand ist beachtlich groß,
doch in jedem Fall gilt's, ihn zu brechen!
Zynisch, das Ende des Spiels droht bloß.
Gott lässt sich eben nicht bestechen!

Einfach so!

Wer kennt nicht diesen Moment,
wo man Langeweile hat.
Jede Idee leuchtet nur matt,
Inspiration offensichtlich pennt.

Keine Tätigkeit macht nun zufrieden,
Durst gelöscht, Hunger gestillt,
zu keiner Anstrengung ist man gewillt,
döst, von der Welt weit abgeschieden.

Wer meint, dieser Zustand sei schlecht,
er sollte Folgendes überlegen:
Diese Ruhe bringt auch Segen!
Das andere Sein verlangt sein Recht.

In jedem Spiel gibt's eine Pause.
Niemand bezweifelt ihren Nutz',
denn sie verschafft vor allem Schutz
vorm umgebenden Gewirre und Gebrause.

Auch der Schreiber betritt diese Spur,
macht Rast vom tiefen Sinn,
brutzelt einfach so vor sich hin,
belegt eine geistige Erholungskur.

Der Umzug

Was auch sein mag der Grund,
ich tu es einigen Menschen kund:
Ab heute wechsle ich die Bleibe,
an anderem Ort meine Ding' ich treibe.

Der Aufwand hierbei ist enorm,
gefragt ist körperliche Form.
Die Sachen sind gepackt in Lagen,
später dann auch noch zu tragen.

Gleichfalls beginnt das große Laufen,
neue Gegenstände will ich kaufen.
Getestet wird mein Organisationstalent.
Hab ich einen Termin verpennt?

Es passiert schon, dass ich tobe,
meine Geduld steht auf der Probe.
Langsam erhält das neue Heim Gesicht,
die erste Lampe brennt – ich habe Licht.

Neue Leute um mich grüßen,
leg ihnen gespannte Offenheit zu Füßen.
Meine Neugier ist erfrischend,
Vorfreude und Erwartung mischend.

Aber manchmal denk ich zurück,
altes Haus – da gab's auch Glück.
Teil meines Lebens dort verbracht,
Zeit, die nun die Erinnerung bewacht.

Sommertag

Zeit des Frühjahrs lange vorbei;
gewöhnt an das Grün der Pflanzen;
verblühte Blumensorten entschuldigend – verzeih,
sich schon wieder in der Erde verschanzen.

Viele Tiere versorgen den Nachwuchs;
ihr Tag ist mühevoll und lang.
Im rastlosen Treiben vergeht die Zeit flugs.
Die Natur beschreibt ihren bekannten Gang.

Der Mensch am Morgen schaut hinaus;
die Atmosphäre spornt an zur Tat.
Bis zum Mittag wirkt er wie ein Daus,
eine zufriedene Erfüllung dabei ihr saht.

Doch die Sonne zehrt die Frische auf;
die Hitze vertreibt jeglichen Schwung.
Rückwärts gerichtet ist der Lauf,
immer spürbarer die lähmende Erschöpfung.

Erst der Abend lässt einen erholen;
die Milde der Luft reizt die Sinne erneut.
Dem Gewissen entfliehend auf leisen Sohlen,
ein Abenteuer man nicht mehr scheut.

So geht der Sommertag zu Ende;
nicht wissend, was noch geschah.
Doch Gott klatscht seine Hände –
er etwas Angenehmes, Schönes sah!

Die Mischung

Ich denke mehr, als ich sage;
das Maß ungeäußerter Gedanken ist groß.
Mein ganzes Leben ich in mir trage.
Wie kann ich es begreifen bloß?

Begriffe sollen als Stützen fungieren,
doch fast immer führen sie zu Klischees.
So sie ungewollt meinen Plan manipulieren –
Sackgassen überall, wie ich auch dreh's.

Und seh ich mal freies Land vor mir,
viele Dinge behindern meinen Schritt.
Sie stören und entkräften meine Gier
und geben meinem Wunsch einen Tritt.

Vielleicht üben sie auch nur Gnade,
weil eventuell unerreichbar das Ziel.
Dennoch meinen Geist ich nicht entlade,
so wird sich fortsetzen dieses Spiel.

Der Augenblick

Ich bin just an einem Ort,
der zieht mich an, auch treibt mich fort.
Spiel und betätige mich jetzt hier,
der Geist lockt mit 'ner neuen Tür.

Die Zeiten spielen Karussell
und drehen Bilder mit sich schnell.
Gefühl, Verstand wollen sich nicht einigen,
Gefahr dabei, die Seel' zu peinigen.

Nach außen klar ist meine Kontur,
stabil und erkennbar die Figur.
Doch innen strömt ein unwägbarer Fluss,
jeden Halt und Stand ich erkämpfen muss.

So wünscht ich mir ein bisschen Ruh,
zieh bewusst des Tages Vorhang zu.
Dann warten schon die Boten der Nacht –
die Träume, sie haben mich ausgelacht.

Der Ignorant

Arbeiter in allen Landen;
Tätige an reichlich Ort;
einsatzvoll am Werk befanden;
Rad der Mühe drehend immerfort.

Bauern auf Feldern schwitzend;
Hungern kennt man hier nicht mehr;
Professoren vor Erfindung sitzend;
Weg dahin war lang und schwer.

Künstler denken an Vollendung;
Meisterwerk so einzigartig, originär;
Zauberer revolutioniert die Blendung;
als wenn's die einfachste Sache wär.

Leistung, wohin das Auge blickt;
Lob und Dank ist angesagt.
Doch die Dinge werden verrückt;
hör- und sehbar der Schaffende klagt.

Denn der Erfolg wird nicht beachtet;
ignorant schauen viele nur auf sich.
Banal wird der Kreateur so entmachtet;
Desinteresse wirkt hier fürchterlich.

Widerstandslos lasst es nicht geschehen!
Werbt und zeigt, wo immer es passt!
Der Eine oder Andere lernt doch zu verstehen,
Euer Ergebnis letztlich in Würde erfasst.

Erinnerung an einen alten Weisen

Menschen es täglich erfahren,
Konflikte rasen auf sie zu.
Schuldlos oder Verursacher sie waren,
Ärger stiehlt ihnen ihre Ruh.

Dies vermiest die Lebenslust,
innere Zufriedenheit ist in Gefahr.
Deshalb nehm ich Euch an die Brust,
sag, wer der alte Weise eigentlich war.

Ein Grieche vor fast 3000 Jahren
suchte nach dem Sinn im Sein.
Was können wir hoffen und erfahren?
Wie lässt sich heben Glückes Stein?

Auf alle Fälle Streit vermeiden
mit Vertretern der Obrigkeit.
Auch andere Instanzen vermitteln Leiden
im Kampf um Recht und Wahrheit.

Miss die Kraft nur mit jenen,
die von Deinem Kaliber und Niveau.
Willst verhindern manche Tränen,
dann entscheide genau so!

Wohl sollst Du Dich nicht verstecken,
jedoch such Dir Dein Idyll!
Die Geborgenheit wird köstlich schmecken,
Unruhe Uhr steht endlich still.

Das alte Paar

Schnipsel des Lebens flattern im Wind.
Es sind sehr viele geworden.
Für immer verschwunden einige sind.
Der Himmel zieht zu von Norden.

Ein Sommerabend, wie man ihn liebt.
Die Milde lockt vor das Haus.
Der Sonnenuntergang die Gedanken anschiebt.
Glück der Geburt – was wurde daraus?

Die Erinnerungen rauschen rasch vorbei.
Ihre Auswahl wird vom Zufall bestimmt.
Doch immer ist die Sehnsucht dabei,
die einem die Luft zum Atmen nimmt.

Gäbe es einen Weg zurück,
mit aller Energie würd man ihn suchen.
Wär unermesslich schwer auch jedes Stück,
zu keiner Zeit vernähm man ein Fluchen.

Nun, die beginnende, kühle Dämmerung
holt die Alten ins Jetzt geschwind.
Sie schauen bei gegenseitiger Umarmung,
wie die Schnipsel flattern im Wind.

Die Erfüllung

Aus dem Nichts kam eine Gabe,
die von unbegreifbarem Wert.
Ich selbst nichts beigetragen habe,
doch ich wurde schon begehrt.

Einmaligkeit sitzt auf dem Throne.
Kein Konkurrent wird je erscheinen.
Danklied – ich sing's in höchstem Tone.
Das Lebensschiff setzt alle Leinen.

Sodann wandere ich durch die Jahre.
Nun, ein Wunsch ist stets bei mir,
zu besitzen das unbestreitbar Wahre,
ohne Makel brilliert diese Gier.

Ewigkeit erweckt mein Streben,
Schaffen ohne End und Schluss.
Höchster Sinn ist dann gegeben,
göttlich gleich der Freudenkuss.

Die reife Frau

Sommerabend lockt ins Freie,
im Urlaubsort 'ne Band aufspielt.
Sie stellt sich in die letzte Reihe,
verhält sich noch recht unterkühlt.

Doch mit jeder gespielten Melodie
steigert sich der Augen Glanz.
Der Körper schwingt in Harmonie,
nett sieht er aus – ihr Tanz.

Die Seele fliegt zu alten Orten,
dort, wo der Jugend Häuser standen.
Wissen sucht nach geeigneten Worten,
die die Gefühle können umranden.

Der Riesenwunsch nach jener Zeit
eruptiert just in diesem Augenblick.
Die Vernunft fliegt irgendwo – weit.
Irrheit markiert jetzt ihren Blick.

In der Ferne will sie bleiben,
Abschied – ohne Wiederkehr,
in undefinierbarem Raume treiben,
regel- und gesetzesleer.

Sommernacht lädt ein recht lau.
Die Musik ist längst verstummt.
Auf einsamem Wege zieht die reife Frau,
noch die Liederreste summt.

Unser Jahr

Deutschland – unsere Heimat!
Wie gut hat's uns getroffen,
erfüllt wird Menschen Hoffen,
dass die Schönheit ihnen naht.

Hübsche Städte, niedliche Orte,
Wald und Feld, Berg und Meer,
Idylle finden, gar nicht schwer.
Verzückung findet schwer nur Worte.

All dessen Krönung ist ein Schatz:
der stete Wechsel durch das Jahr.
Natur heut anders, als sie gestern war.
Für Monotonie gibt's keinen Platz.

Die Jahreszeiten mischen die Gefühle.
Menschen entdecken sich immer wieder neu.
Mit aufgefrischter Lebenslust und ohne Scheu
begegnen sie Lebens kehrseitiger Kühle.

Wir, die durch das Jahr so reich beschenkt,
sollten unsere Dankbarkeit auch zeigen,
uns der Erhaltung all dessen hinneigen,
den Blick auf notwendiges Tun gelenkt.

Die Gemütlichkeit

Eine Frucht am Lebensbaum
ist so süß, man glaubt es kaum.
Wann immer es geht, möcht ich sie pflücken,
lagern zuhaus in reichlich Stücken.

Ich liebe die Gemütlichkeit.
Jederzeit bin ich für sie bereit.
Wirklich von ihr nur so schwärme,
Erfüllung produziert wohlige Wärme.

Außen und Innen passt nun zusammen,
Augenblicks Antlitz ganz ohne Schrammen,
Körper und Geist in entspannter Lage,
keinen offenen Wunsch ich jetzt beklage.

Diese Zeit möchte ich lang ausdehnen;
Verewigung gar herbeisehnen.
Der Zustand ist wahrlich ein Traum,
sein Fehlen zu kompensieren kaum.

Das Kind

Am Abendbrottisch sitzend mit einem Kind;
seine Augen schauen ganz gierig.
Das Plappern wirkt wie'n frischer Wind,
Wohlsein ist jetzt nicht schwierig.

Der Ernst, der unser Leben prägt,
weicht aus unseren Gedanken.
Nun werkeln vor Freude wir angeregt,
dem Kind sei es zu danken.

Die Atmosphäre durchdringt ein Zauber.
Liebe und Fürsorge prägt das Verhalten.
Wir werden so anständig und sauber.
Das Glück lässt sich jetzt gestalten.

Der Vergleich

Ich sitze oft und überlege gern,
was Menschen kann erfreuen.
Gedanken kreisen nah und fern,
Zuversicht möcht ich verstreuen.

Optimismus ist mein Ziel,
wenn ich für Euch schreibe,
und jenes, was mir gut gefiel,
die Leser auch antreibe.

So seh ich schon einen Nutzen,
der mich wiederum inspiriert,
meine Anstrengungen nicht zu stutzen,
Phantasie hierbei nicht verliert.

Dies ist die eine Seite:
das Werk mit Stift und Papier.
Die andere ist der Freizeit Weite
mit ihrem abwechslungsreichen Gewirr.

Nach dort hab ich Verlangen,
meinen Schreibplatz verlass ich nun.
Ich will zu meinen Lieben gelangen,
mit ihnen etwas Schönes tun.

Ich mag beides grenzenlos leiden,
dazwischen steht auch keine Wand.
So brauch ich gar nicht entscheiden,
denn das Eine geht mit dem Anderen Hand in Hand.

Der Sog

Früh am Morgen – ich sitze am Küchentisch.
Die Familie schläft noch in den Betten.
Innerlich zufrieden, ich Gedanken misch,
in den Abläufen gibt's nirgendwo Ketten.

Früh am Morgen – es ist der nächste Tag,
ich die Zeitung zum Küchentisch trag.
Beim Essen les ich ein paar Zeilen,
um an einer Stelle länger zu verweilen.
Eine Offerte, wie für mich gemacht,
Ehrgeiz und Neugier dabei aufgewacht.

Früh am Morgen – ein Tag weiter,
die Stimmung leicht angespannt, dennoch heiter.
Geladen zu einem wichtigen Termin.
Wie tret ich auf, wie geh ich hin?
Kann ich dort Zustimmung erwarten,
vielleicht in eine Laufbahn starten?
Jetzt geh ich los und werde sehn,
wie hoch, wie gut meine Aktien stehn.

Früh am Morgen – eine Woche danach,
Resümee: Ich in eine neue Welt aufbrach.
Man beschreibt es mit dem Wort Karriere.
Türen ließen sich öffnen ohne Barriere.
Eitelkeit und Stolz wurden provoziert,
vom Geist gehetzt, dass man sich nicht blamiert.
Die Zeit ist mit Aufgaben proppenvoll gefüllt,
der Erlebnisdurst dabei reichlich gestillt.
Ein Sog des Funktionierens hält mich in Trab
und lenkt vom tieferen Nachdenken ab.

Früh am Morgen – ein Jahr vergangen,
die Bilder in mir, welche Erfolge gelangen.
So vielen Menschen bin ich begegnet,
mir sagend, mit großem Talent sei ich gesegnet.
An Mengen von Stätten erntete ich Dank,
das Geld wuchs zu Bergen in meinem Schrank.
Doch mein Herz kann sich nicht recht freuen,
darf den Blick in die eigene Seele nicht scheuen.
Die Glocken der Wehmut – unüberhörbar geläutet:
Mir diese Lebensart nicht sehr viel bedeutet.
Den Sinn meines Daseins ich anders definier.
Schon such ich nach der Notausgangstür.

Früh am Morgen – der folgende Tag,
ich meinem Arbeitsteam die Sätze sag:
„Ich habe mich zum Ausstieg entschlossen,
unsere Zusammenarbeit vielfach genossen,
doch meine Entscheidung – sie steht fest,
alle Zweifel ausgeräumt bis zum Rest."
Da ist kein Platz für'n Kompromiss,
unmissverständlich, unumkehrbar dieser Riss.
Die Erfahrung lehrt die schmeichelnden Tücken,
nicht der zarteste Versuch darf nunmehr glücken.

Früh am Morgen – ein Monat ins Land gezogen.
Meine innere Stimme hat nicht gelogen.
Ich genieße die Freiheit, spontan ist mein Tun,
lass jede hektische, zwanghafte Begehrlichkeit ruhn.
Im Rückblick konstatier ich mit Staunen,
wie ich Sieger wurd im Spiel aller Launen.
Der Sog, der so viele für immer magnetisiert,
hat gegen die Kraft meiner Liebe resigniert.

Früh am Morgen – nach vierundzwanzig Stund',
tue ich meiner Familie feierlich kund:
„Ihr seid das Höchste und meines Wirkens Sinn,
für nichts gebe ich unsere Gemeinschaft hin.
Ohne Euch fühl ich mich einsam und leer,
diese Last tragen – für mich zu schwer!"

Früh am Morgen – ich sitze am Küchentisch,
die Familie schläft noch in den Betten.
Innerlich zufrieden, ich Gedanken misch,
in den Abläufen gibt's nirgendwo Ketten.

Die Beziehung

Lust	trifft	auf	Lust
Brust	drückt	an	Brust
Zunge	spielt	mit	Zunge
Lunge	keucht	neben	Lunge

Wonne	zeugt	just	Wonne
Sonne	strahlt	zu	Sonne
Arm	greift	nach	Arm
Schwarm	findet	seinen	Schwarm

Rücken	später	an	Rücken
Entzücken	träumt	mit	Entzücken
Triebe	treiben	wieder	Triebe
Liebe	erzeugt	neue	Liebe

Die Wiederholung

Wollen wir nur immer wiederholen,
was die Künstler einst vor uns geschafft,
oder schleichen wir fort auf leisen Sohlen,
fehlt uns beides, Kreativität und Kraft.

Werden zwar verrückter die Ideen,
doch nur Ohnmacht beherrscht das Spiel,
wahrer Progress wirklich nicht zu sehn,
historischer Durchschnitt wäre da schon viel.

Ich will durchbrechen diese Hülle,
Schritte gehen in unentdecktem Raum,
neue Inhalte und Formen locken in Fülle,
originäres Meistertum nicht länger Traum.

Schon ich such noch nach den Waffen,
die erkämpfen und erobern jene Welt,
Phantasie frisch erblüht in diesem Schaffen,
Hoffnung nährend, dass man nicht ins Alte fällt.

Das Teeny-Girl

Schrieb ich einst ein Gedicht,
eine Anleitung, das Glück zu organisieren,
so führ ich heute weiter jene Sicht,
gestatten Sie mir, ein wenig zu dirigieren.

Wenn Ihnen im Alltag Frohsinn fehlt,
suchen Sie die Gegenwart junger Mädchen!
Sie sind von unverbrauchter Lebensfreude beseelt
und Albernheit greift Rädchen in Rädchen.

Sie scherzen, quatschen viel und gern,
ihre Naivität lässt einen schmunzeln.
Lebens ernster Antlitz liegt ihnen fern,
nur beim Lachen bekommen sie Runzeln.

Das Teeny-Girl – neugierig und unkonventionell,
handelt spontan und ohne Routine.
Die Launen und Vorlieben wechseln oft schnell,
doch es funktioniert noch nicht als Maschine.

So strebt's nicht nach Reichtum und Macht,
vordergründig sind Schönheit und warme Gefühle.
Begehrt und erträumt ist eine romantische Nacht,
verdrängt und verschmäht pragmatische Kühle.

Jetzt machen Sie sich auf den Weg!
Gelingen soll Ihnen der Kontakt!
Wohlwissend wie eng auch sein kann der Steg,
deshalb Geduld und Umsicht eingepackt!

Nicht jeder Versuch wird etwas bringen.
Erfolg erfordert auch ein Stück weit Glück.
Es ist zwar oft ein zähes Ringen,
doch gehen sollten Sie über diese Brück'!

Die Unterlassung

In uns Menschen gibt's ein zweites Wesen,
stellt sich dar als Über-Ich,
wertet gnadenlos und gründlich,
kann jeden Gedanken in uns lesen.

Verteilt Aufgaben mit konsequenter Strenge,
Widerspruch macht selten Sinn.
Abschwächung ist manchmal drin,
ziehen die Erledigung nicht in die Länge.

Wenn wir alles gut erfüllen,
winkt als Lohn ein toller Preis.
Gedankt der Moral und unserem Fleiß,
können den Durst nach Eintracht stillen.

Doch sollte uns die Versuchung treiben,
den Kompass unseres Handelns zu ignorieren,
trotzdem auf Glück und Erfolg zu spekulieren,
werden verwundert uns die Augen reiben.

Denn ewige Gewissensbisse werden nun quälen.
Der Schuldvorwurf lässt nicht mehr ruhn,
als Knecht der inneren Macht nur noch tun,
jede Lockerheit wird so zukünftig fehlen.

Nach der Erfahrung kommt die Frage:
Kann es noch eine Rettung geben?
Ja, bei einsichtsvollem, ausdauerndem Streben
wird vermindern, gar entfernen sich die Plage.

Die Übertreibung

Aus einer Glattrasur wurde ein langer Bart!
↑
Äußerst vernehmbar mit grummeligem Raunen.
↑
Was sind diese Menschen von seltsamer Art!
↑
Das kleine Geschehnis kommt in höchstes Staunen.

Sie behaglich ihren Weg weiter schlendern.
↑
So wird ihr Rechtsgefühl bleiben.
↑
Die Geschichte in Nuancen verändern.
↑
Auch wenn sie ein wenig übertreiben.
↑
Sie empfinden ihr Verhalten nicht krumm.
↑
Wen können sie mit der Nachricht beglücken?
↑
Schauen sich nach neuen Adressaten um.
↑
Die Empfänger ihrerseits mit Entzücken!
↑
So trägt sie sie weiter ohne Schame.
↑
Die Sache bleibt gewiss nicht verborgen.
↑
Bemerkt von einer anwesenden Dame.
↑
<u>Ein kleines Geschehnis am Morgen!</u>

Beobachtet von einem anwesenden Herrn.

Um die Verschwiegenheit gibt es Sorgen.

Er posaunt es hinaus, nah und fern.

Egal, ob es Leute wollen hören.

Der Trieb nach Wichtigtuerei ist groß.

Einen Eid muss er nicht schwören.

Wo bleibt die Wahrheit nun bloß?

Das kleine Geschehnis am Morgen.

Wächst zum großen Ereignis heraus.

Die Angemessenheit schon längst verborgen.

Dem Verursacher wird's zum Garaus.

Wenn auch hinterher kommt die Reue.

Geholfen ist dem Leidtragenden kaum.

Nützlich wär nur eine gebildete Schläue.

Die sich ein nächstes Mal nicht auflöst wie Schaum.

Die Intention

Werft nur die Keulen!
Schießt giftige Pfeile!
Unüberhörbar wütendes Heulen!
Zerpflückt Zeile für Zeile!

Kramt raus die Phrasen
von der naiven Utopie!
Eure Backen aufgeblasen!
Drohend zischt ein „Antwort-Wie!

All dies ist nur Euer Ausdruck
für das Wissen oder Ahnen
von einem erdgewaltigen Ruck.
Leben dreht ganz neue Bahnen!

Und ich werde dafür schaffen,
Gesellschaft muss besser werden!
Schlechtigkeit dahinzuraffen,
Spiegel sein hier auf Erden!

Ja, da gilt's zu begreifen,
Menschen passen sich Bedingungen an!
Naturverklärte Starrheit abzustreifen,
Fortschritt sich realisieren kann!

Weihnachtsgedanken

Zeit – in der der Glaube jubelt,
Gott mit Wohlgefallen auf uns schaut,
bemühen uns, sich gütlich zu benehmen,
was uns sonst nicht immer so vertraut.

Weihnachtszeit magisch auf uns wirkt:
Alles Schlechte wollen wir beiseitekehren,
Freude nur noch anderen schenken,
gegen eigene Übel kräftigst wehren.

Unser Anspruch an das Leben ist gestiegen
und wir selbst beziehen uns mit ein.
Spüren, welche Dinge uns am Herzen liegen,
Sinn des Daseins spiegeln wir jetzt rein.

In den Gärten des Vatikans

Ich spaziere durch die Parkanlagen
und fühl, als würd die Ewigkeit der Zeit ich tragen,
der Geist vieler großer Heiliger zu mir sprechen:
„Versuch, die Wand zum Reich des Unaussprechbaren zu brechen!"

Ich werde Objekt, in dem die Zeiten miteinander kämpfen,
die Erfahrungen der Vergangenheit die Gegenwart wollen dämpfen.
Die Vielzahl der Gefühle mich zusätzlich verwirren,
bin ich dabei, gleichnislos durch die Schönheiten zu irren.

So setz ich mich nieder an ein Beet aus Papageienblättern.
Die Farbenpracht, der Blütenduft – sie werden zu meinen Rettern.
Die Gedanken augenblicklich durch die Sinne neu gelenkt,
wird eine Ruhe mir vor den nimmermüden Fragen dieser Welt geschenkt.

Langsam scheint, als sollt die Weisheit selber ich jetzt werden,
von unverrückbarem Sockel betrachtend das Treiben auf Erden.
Erschreckend wie viel Nichtigkeit und Unsinn ich entdecke,
wie wahrlich groß sie ist – der Dummheit Strecke.

Allein diese Einsichten lassen mich nicht länger starr verweilen.
Der Park, sein Fluidum neu facettiert, fordert nun auf zu eilen.
Der große heilige Plan – ich schau ihn mit Entzücken,
spaziere ich heraus, die Gärten des Vatikans im Rücken.

Die Illusion

Ich sitze im Auto und singe
eine Melodie, an Festlichkeit unübertroffen,
mit der eigenen Rationalität dabei ringe,
die Seele vibriert von Sehnen und Hoffen.

Vielleicht ist ganz anders die Welt,
als ich sie jeden Tag seh und versteh.
Hab ich viele Urteile falsch gefällt
und tue unrechterweise anderen weh?

Die Hochstimmung übersteigt sämtliche Grenzen.
Allen und jeden möcht ich Gutes tun.
Eingeladen auf der Jahreszeiten Tänzen,
dreh ich mich in ungeahnten Sphären nun.

So bin ich mit mir und dem Leben im Reinen.
Das ist der Gipfel, der alle Wünsche vereint.
Wohl steh ich nicht auf der Erd mit den Beinen,
erloschen die Trennung zwischen Freund und Feind.

Wenngleich ich die Versuche schon spüre,
mich von diesem Zustand herunterzuholen,
schließe ich für jetzt fest meine Türe
und genieße den seligen Augenblick unverhohlen.

Der Zwiespalt

Einfach stellen möchte ich folgende Frage:
„Warum sind so reichlich Dinge kompliziert?"
Find mich wiederholt in schwieriger Entscheidungslage,
klares, kompromissloses Handeln wird blockiert.

Unser Dasein – Plattform unzähliger Inhalte und Formen –
hat einen Zustand von Simpelheit weit hinter sich.
Materie und Geist selbst überrascht von immer neuen Normen,
Mensch im Erscheinungsdschungel, äußer- und innerlich.

Infolgedessen ich permanent erfahre und bemerke,
wenn mein Verhalten unterordnen soll sich der Moral,
dass die Verzwicktheit dann gewinnt an Stärke,
sprichwörtlich hat man die Qual der Wahl.

Erklärung suchend, bitte ich das höchste Wesen:
„Gott – zeig mir den richtigen Ansatz auf!"
„In All-Einem und Ein-Allem musst du lesen!
Ereignisse verfolgen in ihrem einzigartigen Verlauf!"

Und da kann manches schon in Widerspruch geraten,
einiges schließt sich dabei gänzlich aus.
Gleichberechtigt behandelt sein wollen alle Saaten;
eigene Bedeutung definiert sich im Voraus.

Ihr Menschen wollt auch einen Sinn erkennen
in Eurem Wirken, Schaffen, Sein!
Lebens Reichtum lässt sich nicht von Konflikt trennen,
aber klagt nicht, sondern freut Euch fein!

Der Besondere

Massige Haube hält die Trübsal gefangen,
den Menschen darunter fehlt der Geist zur Wehr.
Wie soll der Frohsinn dorthin gelangen?
Unfreudige Routine des Alltags lastet zu schwer!

Die Verrichtung der Dinge besitzt einen Grad,
der rein ausgerichtet auf die Erhaltung der Existenz,
der Geschmack dieses Lebens zwar reichlich fad,
doch ein Aufbegehren fehlt gegen die trostlose Tendenz!

Schließlich scheint das Verhalten auch sehr normal,
die Nachbarn nehmen alle den gleichen Weg.
Da taucht nicht auf die Frage nach einer Wahl,
etwaigen Zweifeln nachzugehen, dafür ist man zu träg!

Plötzlich packt jemand die klotzige Haube an,
tatsächlich, er kann sie in die Höhe stemmen.
Es strahlt allen entgegen ein herzensfroher Mann
mit Optimismus, der lässt sich nicht dämmen!

Er hat ein Lächeln -   wo andere griesgrämig schauen!
Er hat nette Worte -   wo andere stumpfsinnig schweigen.
Er hat eine Art   -   um Brücken zwischen Menschen zu bauen.
Er hat die Kraft   -   um die Waage zum Glück zu neigen!

I Die Gefühle

Welt der Gefühle   -   wir erahn',
großes Geheimnis   -   Gottes Plan,
reichlich Arten   -   zahllose Nuancen,
vielseitig verschlungen - unendliche Bilanzen.

Von Mensch zu Mensch noch so verschieden,
abkühlend da, wo andere schon sieden.
Gefühle – Kennzeichnung gewaltiger Macht,
stetig eingreifend in die Lebensschlacht.

Nutzvoll hier und dort zum Schaden,
Gastgeber selbst zum Gast geladen.
Ob Freud wir spüren oder klagen,
wir dieses Gerüst lebenslang in uns tragen.

II Die Sensibilität

Ist das alles schon kompliziert,
hat sich die Natur nicht geziert,
eine brisante Herausforderung einzubauen,
der viele Menschen ins Antlitz schauen.

So wird jede Empfindung noch verstärkt,
bis zu den Wurzeln der Existenz man's merkt.
Aus einem Zwerg wird ein Riese gebaut,
der mitunter schon bedrohlich schaut.

Denn nicht nur das Schöne wird tiefer erlebt,
der Körper von all der Herrlichkeit bebt,
sondern das Negative wirft auch längere Schatten,
die einen lichtlos lassen früher ermatten.

Zweifel und Grübel werden eifrige Begleiter,
die Gefahr groß – das Pferd verliert seinen Reiter.
Das Gespenst der Sinnlosigkeit verlässt die Nacht
und erweitert auch auf den Tag seine Macht.

Nun kann man rätseln, warum das so ist,
vielleicht ist es auch nur von Gott eine List –
zu fördern all die Dinge für positives Empfinden,
auch mit Hilfe des Glaubens dem Schrecken zu entwinden!

Der Sammler

Einfach, einfach sind wir da, einfach, einfach.
Kein tieferer Sinn wird uns vorgegeben.
Den müssen wir selbst herausfinden im weiteren Leben.
Schauen uns um in vielerlei Gebiet und Fach.

Und fast jeder findet da für sich Interessen.
Unwiderstehlich, ja magnetisch ziehen gewisse Dinge an.
Ausgeklammertes kommt im Handeln nur noch hinten dran.
Alles wird nach eigener Wertigkeit betrachtet und gemessen.

Diese Arten, die uns eben dann gefallen,
möchten wir besitzen und reichlich vermehren.
Können uns jetzt nicht mehr über Ziellosigkeit beschweren.
Scharf geworden der Geist, die Sinne und die Krallen.

Gar zum Sammler hat sich mancher nun erhoben,
gierig, unentwegt auf der Suche nach neuen Trophäen.
Fast in jeder Lebenssituation versucht er zu erspähen,
ob einen weiteren Fund er für sich kann ausloben.

Freilich lässt sich über dieses Verhalten streiten.
Kritik ist hier und da vielleicht auch angebracht,
wenn ein Maß von Angemessenheit wird nur verlacht.
Über gewisse Grenzen sollte man nicht schreiten.

Eines ist dem Sammler un- oder gewollt gelungen.
Er hat Stoff gefüllt in ein' ursprünglich leeren Raum,
besitzt immer noch eine Vision und träumt einen Traum
und hat damit manch' Kris' und Zweifel niedergerungen.

Die Tür

Hunderttausend Mal durch diese Tür gegangen,
stets in irgendwelchen Gedanken gefangen,
niemals vorher überhaupt eine Zahl reflektiert,
stellvertretend für vieles, das einen nicht hat interessiert.

Nachdenkenslos in einen mechanischen Ablauf integriert,
auf die gewohnten Tätigkeiten sich spezialisiert,
Momente des Staunens und Wunderns fast vergessen,
Schaffensalternativen glaubhaft nicht wirklich besessen.

Hinter der Tür ein Gebäude mit dichten Wänden,
gibt es Fenster, wo Einladungen hereinfänden,
die die Stabilität der Tatsächlichkeit erschüttern,
dafür mit dem Reichtum der bunten Welt füttern?

Ja, sie sind vorhanden, aber noch verschlossen.
Das halbe Leben oder mehr schon verflossen.
Jetzt ist alles gerichtet zur persönlichen Inventur:
Öffnest du das Fenster oder drehst dich zum Flur?

Wie du auch entscheidest, es gibt keine Schelte.
Nur du bist es gewesen, der das Urteil fällte.
Deine eigene Zufriedenheit weist die Richtung dir.
Möglicherweise gehst du noch Tausende Male durch jene Tür.

Der Lebensstrauch

Wie die Metapher doch gefällt:
das pure Leben als Strauch.
Einem Maßstab, dem sich beugt die Welt,
ist sonst auch nicht ihr Brauch.
Sie kennt noch keinen wirklichen Kontrahent,
der sie von ihrem Selbstverständnis trennt.

Doch Raum und Zeit blieben nicht verborgen
in ihren Dimension' und Mächtigkeit',
sodass sie für die Einsicht sorgen,
der Lebensstrauch ist nicht sehr groß und breit.
Dennoch steht er stark und prächtig,
gedeiht und wächst weiter kräftig.

Von schöner Gestalt und doch nicht konform,
Gottes Blick auf ihn ist voller Stolz,
ein wilder Wuchs, aber gebeugt einer Norm,
denn bestehend ist er aus des Schöpfers Holz.
Gepflanzt aus Wunsch und dem erkennbaren Zweck,
zu gehen aus dem Zustand der Leblosigkeit weg.

Ja, dies ist wahrlich meisterhaft erreicht;
Fazit: ein Leben in Treiben, Trubel und Überfluss.
Den Überblick zu behalten, wirklich nicht leicht,
alle Variationen zu nennen, brächte Verdruss.
Doch keiner verlangt es, ganz im Gegenteil:
Der Strauch verkörpert Segen und verkündet Heil!

Immerfort grün, wenngleich nicht lückenlos.
Die Blüten, zahllos, arrangieren eine Pracht.
Im Bodenbereich verbreitet sich frisches Moos.
Der Strauch trägt seine unverwechselbare Tracht.
Hoffend, sich aus dem Prozess von Verderben und Gedeihen
mit Hilfe Gottes und des Menschen zu befreien.

In unüberschaubarer Dauer will er noch existieren,
in heiliger Weite unbeschädigt, begeisternd blühen,
zu einer absoluten Einmaligkeit allen Seins generieren,
in einer archaischen Sprache ausgedrückt, beständig glühen.
Kann dies funktionieren – also sein bestandsbeharrliche Wirklichkeit?
Ja! Unter anderem dann, wenn der Mensch zur Pflege ist bereit.

Der Vorteil des Gedichts

Zeilen, die ins Auge stechen;
Themen, präzise und scharf projiziert;
kraftvoll in die Denkstuben brechen;
Fixierung auf den Punkt ist realisiert.

Absicht und Erwartung bilden ein Paar.
Mit Tempo offerieren sich die Ideen.
Zwischen Kreateur und Konsument alles klar,
unnötig, sich bis ins kleinste Detail zu verstehen.

Ausschluss von Langeweile ist garantiert,
vielfache Wiederholungen verbieten sich von allein.
Für Originalität ist der Platz reserviert,
schnell verifiziert die Qualität vom Schein.

Vorher geboren

Ein alter Mann trifft einen jungen Knaben,
ein junges Mädchen eine alte Frau.
„Wir würden gerne von Euch etwas haben!",
bestimmten die Betagten forsch und zielgenau.

„Eure Jugend ist's, was wir begehren,
denn Erfahrung – alles schön und gut,
wollen uns gegen Ungemach der Zukunft wehren,
brauchen mehr als nur Weisheit und Mut!"

„Verlangen nach der Kraft des Frischen,
da nur sie kann uns den Zustand erhalten –
im Leben lust- und spaßvoll mitzumischen,
nach Belieben an den Knöpfen zu schalten!"

„Interessant möchten wir für uns selbst bleiben,
aber auch der Anderen Blick ist nicht egal,
freudig an der Gegenwart Aufgaben sich reiben,
das ist unsere freie, endgültige Wahl!"

Gelächelt

Fängt der Tag auch manchmal an,
dass man mit sich nicht zufrieden,
Schuld ist auch kein Anderer dran,
Stein des Anstoßes warf man selbst hinnieden.
Solcherzeit ist doch einzuräumen,
stolperfrei ist nicht das eigene Benehmen.
Von der reinen Güte nur zu träumen,
Handlung gar etwas zum Schämen?
Hoffnung – klingelt das eigene Gewissen,
Chance für eine Korrektur ist nun gegeben.
Gut, diesen Mechanismus nicht zu missen,
unverzichtbar im besserwerdenden Streben!
Jetzt wartet die höchste Hürde –
Tat zur Wiedergutmachung ist angesagt!
Dabei nicht leicht tragbar jene Bürde,
die zur Missstandsbeseitigung ist gefragt.
Aber das ist gerade hier das Maß,
wo sich wahrlich Menschengeister scheiden.
Die eine Gruppe ohne Nachdenken in der Ecke saß,
die andere dabei, einen Plan in Aktion zu kleiden.
Mit der Absicht, über eigene Schatten zu springen,
da, wo der Charakter untolerierbar noch schwächelt.
Mal wird es besser, mal schlechter gelingen,
doch Gott hat in jedem Fall dazu gelächelt!

Der Fels

Ist es Euch auch schon so ergangen,
Ihr könnt einfach nicht zum Ziel gelangen,
weil sich auf dem Weg ein Fels auftürmt,
den man nur mit Sprengstoff stürmt.

Doch über dies Mittel verfügt man kaum,
sodass der Erfolg hier bleibt ein Traum.
Worte, Taten, Anstrengungen – ohne gewünschten Effekt,
irrsinnig, die Hoffnung wird nicht abgeschreckt.

So versucht's man stets aufs Neue,
vielleicht honoriert ein Wunder diese Treue.
Die Unbestimmbarkeit erweist sich als Schatz,
gibt dem Optimismus Nahrung und Platz.

Die Einsicht I

Da sind Menschen, die arbeiten sich ab an Fragen,
auch deshalb, weil sie keine schlüssige Antwort finden.
Vor allem denen möchte ich an dieser Stelle sagen:
„Versucht, verschiedenste Ideen zu einem Strauß zu binden!"

Universalismus ist meine persönliche Antwort
auf all das mannigfaltige Denken und Erfahren,
was mich begleitete und begegnete an vielerlei Ort,
wo auch die Dinge mal einfach, mal kompliziert waren.

Meinungen, die evident als richtig gepriesen,
Anspruch auf unwiderlegbare Wahrheit noch vertreten,
diese Art wird von mir skeptisch zurückgewiesen,
nach diesem Muster Menschen wiederholt Unheil säten.

Natürlich ist nicht jede Ansicht, als korrekt zu preisen,
Falschheit, auch Lüge haben ihre Hände im Spiel.
Dennoch, unterschiedlichste Standpunkte akzeptabel umherkreisen.
Wahrheit – der Mosaiksteine gibt es ganz viel.

Die Einsicht II

Nicht, dass ich etwas vergessen hätt,
ist des hiesigen Zusatzes Grunde.
Doch Euer Interesse, darauf ich wett,
ist mit den folgenden Gedanken im Bunde.

Was ist ein Kriterium, welches nicht wankt,
wenn die Güte soll das Handeln begleiten?
Wo einem für sein Tun wird gedankt,
sich Stolz und Wohlfühlstimmung ausbreiten.

Aus Tausenden Ideen fisch ich diese heraus:
„Unseres Seins endliche Einmaligkeit".
Sie macht allen Bagatellen den Garaus,
entlarvt und ächtet vieler Dinge Sinnlosigkeit.

Es ist des schauerlichen Nichts Antlitz,
das uns betroffen, dann rege machen sollte,
sodass in unsere Tätigkeit einschlägt ein Blitz.
Ich persönlich diesem Weckruf Dankbarkeit zollte.

Denn wir bekommen Elan und neue Kraft
durch den Zeig der faktischen Unwiederbringbarkeit.
Was man jetzt nicht tut, hat man nie geschafft.
Tragische Reue zu verhindern, das ist gescheit!

Die Einsicht III

Ungewollt, doch schließlich konsequenterweise,
gibt's einen Zusatz, der das Thema komplettiert.
Dem Inhalt nach will ich's verkünden leise,
doch darzulegen, ist es klar und unzensiert.

Die Erkenntnis der eigenen Endlichkeit
ist manchem Stimulus und Grund,
zu ziehen einen Radius um sich nicht weit.
Wenn möglich, stopft er voll nur seinen Mund.

Teilweise bekommen die Mittel kriminelle Züge,
ohne Rücksicht befriedigend das egoistische Ziel.
Ignorant übergehen jede erhaltene Rüge,
Appelle an Moral ergeben hier nicht viel.

Selbst haben wir, ständig nun zu entscheiden:
Wie kann man solches Handeln unterbinden?
Ohne dass die eigenen Ansprüche nur leiden,
ist ein Maß der Ausgewogenheit zu finden.

Wie lange noch wird's diesen Makel geben?
Lösung und Zeitraum sind sehr ungewiss.
Etwa ein ewiger Bestandteil in unserem Leben?
Erforderlich stets aufs Neue persönlicher Biss.

Die Intimität

Ganz im Dunkeln zwei Gestalten,
fest sich an ihren Händen halten.
Namen beider erfährt man spät:
Geheimnis und Intimität!

Stetig auf der Suche nach Versteck,
schicken sie barsch jede Neugier weg.
Und sie tun's aus gutem Grund,
drohend lauert Eklats Schlund!

Häufig hat dieser noch Begleiter,
die das Ungemach treiben weiter.
Stellen sich vor als Straf und Schande,
zerreißen genussvoll der Freude Bande!

Scham und Angst vor diesem Fall
lässt in Eintracht rollen jenen Ball,
den das Spiel des Schweigens nutzt.
Jedes Aufbegehren wird gestutzt!

Letztlich hilft im ganzen Gefüge
hier und da auch Kamerad Lüge.
Unterstützt wirksam die zwei Gestalten,
fest sich an ihren Händen halten!

Der Bus

Unweit meines Hauses eingerichtet
eine kleine Bushaltestelle.
Mehr als pragmatisch wäre gedichtet,
aber nutzvoll auf alle Fälle.

Sie befindet sich nur auf einer Straßenseite,
so gibt es kein Hin und Her.
Die Fahrbahn ist von etwas geringer Breite,
nicht immer einfach für den Verkehr.

Dazu zählt sich auch der Bus,
der den Tag im Takt befährt.
Irgendwann in der Nacht ist mal Schluss,
die Pause aber nur kurz währt.

Dieser Bus ist ein erschöpfendes Beispiel
für unser Leben in jener Funktionalität,
wo der Modus den Zweck überfiel,
der einstige Sinn unter Zweifel gerät.

Der Fahrplan ist oberste Instanz,
gegen jede Regung des Fahrgastes immun.
Pünktlichkeit, die verleiht dem Bus Glanz,
mehr will und braucht er nicht tun.

Aber was ist mit dem Fahrer am Lenker,
präsentiert er noch Teilnahme und Gefühl?
Hier und da macht er mal einen Schlenker,
doch grundsätzlich ist monoton sein Stil.

Eines Tages wird selbst er abgeschafft,
der Bus auf Vollautomatik umgestellt.
Die Technik demonstriert ihre Kraft,
das Urteil für die Zukunft ist gefällt.

Auf die Spitze lässt's sich abstrahieren:
die Menschen in ihrem Wesen und Wirken gestutzt.
Unterdessen wird unbeeindruckt weiter rotieren:
der Bus, elegant und bis aufs Letzte geputzt.

Das Ausland I

Eine Reise hinter Grenzen,
wo ein neues Land beginnt,
lässt die Augen neu erglänzen,
Neugier jetzt vor allen gewinnt.

Alle Sinne sind auf Hochtour,
Kopf dreht sich wie selten,
Gefahr, etwas zu übersehen nur,
in diesen, noch nie erlebten Welten.

Phantasie, sie blüht nun auf,
berauscht wie eine Droge,
reichlich ist der Seele Kauf
in diesem emphatischen Soge.

Das Ausland II

Langsam verblasst die Farbe des Neuen,
Gewohnheit wirft ihre Leinen aus.
Schon weniger Dinge lassen einen erfreuen,
vieles entpuppt sich als Bekanntes von zu Haus.

Eigene Dichtung wird zunehmend verdrängt
durch die Kraft der banalen Realität.
Gefühle auf normales Maß eingeengt,
Inspiration eingeschlafen – es ist sehr spät.

Die Hoffnung auf das ganz Andere
wird leider nicht erfüllt.
Kein Hindernis, dass man weiter wandere,
denn mancher Wunsch wird trotzdem gestillt.

Das Unerlebbare

Menschen Bewusstsein was denkst du?

                                          Denkst du nicht?

Menschen Seele was fühlst du?

                                          Fühlst du nicht?

Menschen Körper was erlebst du?

                                          Erlebst du nicht?

Was entgeht uns?

                                          Entgeht uns nicht?

Was beeinflusst uns?

                                          Beeinflusst uns nicht?

Was befreit uns?

                                          Befreit uns nicht?

Was ist das Unerlebbare, das uns nicht kennt?
Wir selbst ohne jede Ahnung sind.
Von einer Zweck- und Denkfreiheit asymptotisch getrennt,
einzig seiend der naturlogischen Genese Kind!

Die Ideen der Stimmungen

Diese Gedanken hab ich geschrieben?
Wo ist mein Verstand geblieben?
Aber Vorsicht bei solch' Eile,
Zeilen entstanden vor 'ner Weile!

Erinnerung ist jetzt erste Pflicht,
um zu begreifen jene Sicht!
Wie war die Stimmung, wie die Laune?
Spielte die Seele Harfe oder Posaune?

Auch besitz ich heute keinen Schimmer,
was morgen ich für Verse zimmer'!
Wie geht es mir, was ist geschehen,
so werd ich wohl die Dinge sehen!

Der Nörgler

Eine Kugel, mitten in einem großen Saal aufgestellt,
für alle deutlich symbolisierend unsere Erde.
Menschen verschiedener Couleur haben sich um sie herum gesellt,
Blicke darauf zu werfen, ist jetzt ihre Begehrde.

Eine Stimme, gleich einer Ansage, plötzlich erschallt.
Niemand erkennt von wem und woher.
Doch eine Kraft und Schärfe ist in ihr geballt,
ein Überhören oder Ignorieren fällt sichtlich schwer.

Sie fordert die Anwesenden zur Stellungnahme auf,
Widerspruch und Lüge dabei ausgeschlossen,
Gedanken äußern zur Welt und dem Lebenslauf,
betrachtend all die Zeit, die bereits verflossen.

So erzählen nun Frau und Mann, Greis und Kind,
mal lang und ausführlich, mal kurz und geschwind.
Die Berichte sind vielfältig wie des Lebens Facetten,
doch ein Positives unterm Strich kann für sich jeder retten.

Da verfinstert sich augenblicklich und unheimlich der Saal,
just wo auf einen Mann trifft die Redewahl.
Die Kugel fängt an, sich rasend zu drehen,
wie protestierend auf das nun folgende Geschehen.

Der Mann beklagt seine Lage und spricht schlecht von allen,
am Leben auf dieser Erde findet er wenig Gefallen.
Er kehrt penibel hervor den gefundenen Dreck,
die Nörgelei scheint Passion und erfüllender Lebenszweck!

Mitten in seinem Redefluss beginnen einige zu murren,
bis schließlich die Masse äußert ein böses Knurren.
Auf diese Art stoppen sie die Ausführungen vom Mann,
uninszeniert, feierlich im Chor sprechen sie dann.

„Schon gibt es auch Elend, Leid und Not;
manchmal verraucht das Glück durch einen Schlot.
Doch über jedem Mist und unerwünschtem Plunder
leuchtet die Kugel mit unserem Leben als Wunder!"

Buchstabenbetonungsgedicht

Solche Spielerei spaßt sehr,
solide Sätze sicherlich schwer,
sinnstrebend suche sogar,
Schwachsinniges selbstredend spar.

Aber Achtung Augenschein,
Alternativen abschreckend allein,
anständig auch angefangen,
alt aussehend abgehangen.

Gut gemacht groß, gar ganz,
glaubhaft gleich gewisser Glanz,
geradeaus gern glatt gesteh,
Gedanke greift: Gottlob geh!

Die Zahl

Das Alles und das Eine,
das Dasein und das Nicht
zeugen immanent und schlicht
die Zahl: So sie erscheine!

Ganz selbstverständlich ist sie da,
ungenannt oder erwähnt,
ignoriert oder ersehnt
nach Lage, was denn geschah.

Wiewohl ein Subjekt es betrachtet,
die Zahl – sie bleibt elementar,
ihr Wesen dabei anschaulich und klar,
gleichfalls man ihre Komplexität beachtet.

Sich mit ihr zu beschäftigen,
ist heut vieler Menschen Beruf,
mancher etwas Geniales darauf schuf,
ihre Importance nur zu bekräftigen.

Unerwähnt darf keinesfalls bleiben
eine bevorzugte Beziehung oder Wahl,
gar die Liebe zu einer konkreten Zahl,
kritiklos mag man es so weit treiben.

Aus Bedürfnis möchte ich nicht verhehlen,
dass ich dafür Sympathie heg,
selbst ein intensives Verhältnis pfleg;
Zahlen und ihr Einfluss auf unsere Seelen!

Die Strafe

Hat etwas nicht funktioniert –
Strafe folgt prompt ungeniert!
Haben uns daran gewöhnt –
eine Unart wird geschönt!

Folge einer hyperorganisierten Welt,
wo ein Ziel ist stets gestellt.
Dazu passend Aufgaben formuliert,
Kontrolle scharf: Wurd's realisiert?

Entscheidend hierbei ist die Macht,
Verfüger jener über alles wacht!
Er Zeitpunkt, Qualität und Maß bestimmt,
bei Entsprechung Strafe ihre Wirkung nimmt!

Mitunter ist sie deutlich angemessen,
wenn wahrlich Schlimmes wurd ausgefressen.
Trotzdem gehört der Mechanismus hinterfragt,
häufige Unschuld mit Verzweiflung klagt!

Darum sollt man einfach überlegen,
dass Großmut und Toleranz birgen Segen!
Also ein derartiges Miteinander pflegen,
bei dem reichlich Unsinn wir beiseitefegen!

Die Einladung oder Das russische Mädchen

Zeit für… – kein Ausdruck könnte es benennen,
Antennen empfangen… – ein Gefühl für die Gelegenheit,
etwas einmalig Ekstasierendes zu erleben,
schweben zwischen Ausuferung und Maß!

Zerschneiden der robusten Leine der Vernunft,
Ankunft dort, wo die Gedanken sich neu kleiden,
Eintritt in ein Land ohne realen Vergleich,
weich setzt die Sehnsucht Schritt für Schritt!

Dabei stößt sie ständig auf ein neues Tor,
vor Verzückung schmettert der Geist ein Schrei:
„Glaube an ein Mehr war doch berechtigt,
Qual der Banalität nie wieder erlaube!"

Vielleicht wird man es als Wunder sehen,
geschehen, wo vielen Zweifel schon beschleichen,
planbar schaffend ist nicht dieser Zauber,
sauber jedoch und tricklos stellt er sich dar!

Die Missachtung

Ein Traum im wörtlichen Sinne
kämpft in meinem Schlaf um die Oberhand,
und es scheint, als er sie gewinne,
immer häufiger führt er mich in sein Land.

Wohin ich dann dort auch gehe,
ein und derselbe Begleiter ist immer dabei.
Er demonstriert, dass ich ihn verstehe,
die Inkarnation des Vorwurfs er sei.

„Du hast einen Gruß nicht erwidert,
der durch Heftigkeit wirkte fast angebiedert.
Doch es war ein Ruf aus Liebe und Sorge,
dass die Gunst des Schicksals bliebe verborge'."

„Gerade weil die Konstellation so selten",
hör ich die Stimme weiterhin schelten,
„hast du deinem Leben einen Wert entzogen,
den anderen Mensch vielleicht ums Glück betrogen!"

So lass ich es im Traum nun geschehen,
mein Leben in eine andere Richtung zu drehen.
Habe einsichtig aufgehört zu opponieren,
will auch die Chance auf Einblicke nicht verlieren.

Aber registrierbar werden sofort des Vorwurfs Tücken:
der Werdegang versehen mit reichlich Lücken.
So darf ich weiter im Trüben fischen,
muss meine Ratio mit Ahnung und Phantasie mischen.

Mitten in den Varianten ich dann erwache,
tut mich beschäftigen am Tag auch die Sache.
Jedoch ändert sich schon Einschätzung und Blick.
Freigesprochen von realer Schuld werd ich zum Glück.

Zweifellos kenn ich ja das wirkliche Geschehen
und kann aus moralischer Sicht uneingeschränkt bestehen.
Aber ein Bündel aus verschiedenen Gefühlen
treibt mich, weiter in jenen Abläufen zu wühlen.

Das Nichtwissen

Wohl habe ich selbst geschrieben;
die Erinnerung daran ist nicht zerrieben,
welchen Fortschritt das Wissen produziert,
Vorteile massig auf die Lebensleinwand projiziert.

Dies möchte ich auch jetzt nicht bestreiten,
mich zu keiner Rücknahme lassen leiten,
weil substantiell lockt eine anders beschaffene Seite,
koordinatenmäßig beschrieben – eine konklusive Weite.

Dort eben sitzt das Nichtwissen auf dem Thron,
erhält für seine Bedeutung den angemessenen Lohn.
Wer nun achselzuckend schaut in die Runde,
sollte weiterlesend vom Folgenden nehmen Kunde.

„Was ich nicht weiß, macht mich nicht heiß"
ist ein Sprichwort, verdienend einen hohen Preis.
Es drückt den rettenden Mechanismus aus,
mit dem wir täglich ins Leben gehen hinaus.

Kinder, charakteristisch natürlich und frei,
sind der Dinge Grenzen prinzipiell einerlei.
Kennen häufig nicht Gründe und Wesen;
gerade darum kann ihr Frohsinn immer genesen.

Aber auch für uns Erwachsene, desillusioniert,
ist ein gehöriger Schutz proportioniert.
Wenn wir sind zufrieden an vielen Tagen,
dann ist's das Nichtwissen, warum wir nicht klagen.

Sind auch die Ursachen unterschiedlicher Art,
der Kluge jedoch nicht mit Dankbarkeit spart,
wissend, wie vieles dürft die Seele peinigen,
ein Gefühl gebend, als würd man uns steinigen.

Folglich sollten wir diesen Zustand belassen,
nicht ohne Not brandheiße Stoffe anfassen.
Einmal untypisch für unsere Art reagieren:
Dieses System ohne Wenn und Aber akzeptieren!

Die Kraft

Immer weiter, immer wieder, immerfort;
Einsatz hier, Arbeit da, Aufgabe dort.
Überwiegend gibt's kein zögerliches Abwägen,
können die Hände einfach nicht in den Schoß legen.

Dafür brauchen wir Kraft und noch mehr Kraft.
Für die Genugtuung – wir haben was geschafft.
Und doch scheint, stets ein Stück zu fehlen,
wenn wir die offenen Posten nicht verhehlen.

Tatsächlich ziehen Reserven an den nachdenklichen Blick,
Faulheit und Bequemlichkeit verstecken sich zum Glück.
Aus unserem Geist formuliert sich ein neues Ziel.
Die Leistung war hoch, doch war sie nicht zu viel.

Nach diesem Plan ist Größeres jetzt zu schaffen,
Anspruch und Wirklichkeit sollen kaum auseinanderklaffen.
Ersehnt bei allem die akzeptierte Zeit der Ruhe,
doch vergessen ward das Ausziehen der Arbeitsschuhe.

Was ist jedoch, wenn die Kräfte wirklich schwinden,
man sich nicht wie gewohnt kann weiter schinden?
Gibt es Einsicht und überzeugendes Verstehen,
wie werden andere und man selbst auf diesen Zustand sehen?

Enttäuschung darf nicht beherrschen dann die Lage.
Respekt und Dankbarkeit gebieten die vergangenen Tage.
Mit Würde und Stolz antworten wir auf jede Klage,
das Recht auf weniger Tun man sich nicht selbst versage.

Die Unbestimmbarkeit

Wir leben	–	wie lange?
Wir streben	–	wohin?
Wir versehen	–	welchen Range?
Wir stehen	–	worin?
Wir existieren	–	was für Sinn?
Wir organisieren	–	wonach?
Wir fragen	–	wer ich bin?
Wir vertagen	–	danach!
Wir wiederholen	–	wie oft?
Wir besohlen	–	wozu neu?
Wir genügen	–	wenn man hofft!
Wir verfügen	–	bleib treu!

Die Bitte

Sage, wo die Blumen blühen,
die ich soll pflücken Dir!
Werd sie mit meiner Lieb' besprühen,
erwarte Deinen Blick mit Gier!

Sage, wo die Früchte gedeihen,
die ich soll ernten Dir!
Wo Du vor Lust nach mir wirst schreien,
erwarte Deinen Appetit mit Gier!

Sage, wo die Wasser fließen,
die ich soll schöpfen Dir!
Dass wir vor Seligkeit die Augen schließen,
erwarte Deinen Durst mit Gier!

Der Stolz

Verrichten von tausend Dingen,
egal, ob verlangt oder nicht,
interessiert jemand das Gelingen,
wird raufgeschaut mit einem Licht?

Die Frage ist zu bejahen,
gar häufig ist dies der Fall,
die Kritiker doch ständig nahen,
unüberhörbar ist ihrer Worte Schall.

Was sie auch darstellen mögen,
ein Lob ist selten gewiss,
die Zweifel als Letztes verflögen,
giftig ist oft ihr Biss.

Aber ist eine Leistung anerkannt,
mit Beifall vielleicht bedacht,
dann klatsch vor Freud in die Hand,
die Seele erheitert Purzelbäume macht.

Nach und nach ein Gefühl sich ausbreitet,
allgemeinhin wird es Stolz genannt,
antreibend eine lustvolle Aura ausweitet,
die Ehe von Zufriedenheit und Drang ungekannt.

Schließlich ist sie produktiv und fruchtbar,
Wiederholung und mehr wird gezeugt,
um den Urstolz tanzt eine Schar,
Zuschauer haben sich aus Respekt verbeugt.

Die Gefahr

Schon unsere ewig fernen Vorfahren
fanden sich in eine Lage versetzt,
wo sie vor einer Vielzahl Gefahren weggehetzt,
stets auf der Flucht vor Ungemach waren.

Was ist dafür Erklärung und Grund?
Gibt es ein Prinzip, welches Leben bedroht,
die Bedingungen so unmenschlich verroht,
den Menschen es zieht in des Nichtseins Schlund?

Es ist die Struktur der autonomen Systeme,
die teilnahmslos, manchmal gezielt wirken,
in sich ihren konkreten Mechanismus birgen,
es stellt sich dar als seinsbezogene Feme.

System Mensch zeigt hier durchaus Schwäche.
Zart- und Mattheit werden deutlich klar.
Existentielle Bedrohungen machen sich wahr,
gekennzeichnet durch des Schicksals dunkle Fläche.

So ist Sensibilität beileibe angebracht,
besonders wenn's ums eigene Handeln geht,
weil selbst man an Explosionsknöpfen dreht
und permanent führend eine Überlebensschlacht.

Doch falls Maß und Ehrfurcht in uns siegen,
freilich auch Vorsicht unser Schaffen begleitet,
hat sich keine Gefahr jemals so ausgeweitet,
dass für immer wir am Boden liegen.

Und wir unbändig glauben, glauben, glauben,
dass Gott ewig eine Chance uns lässt,
Bescheidenheit und Demut ihr nicht vergesst –
er viele Gründe unserer Angst wird rauben!

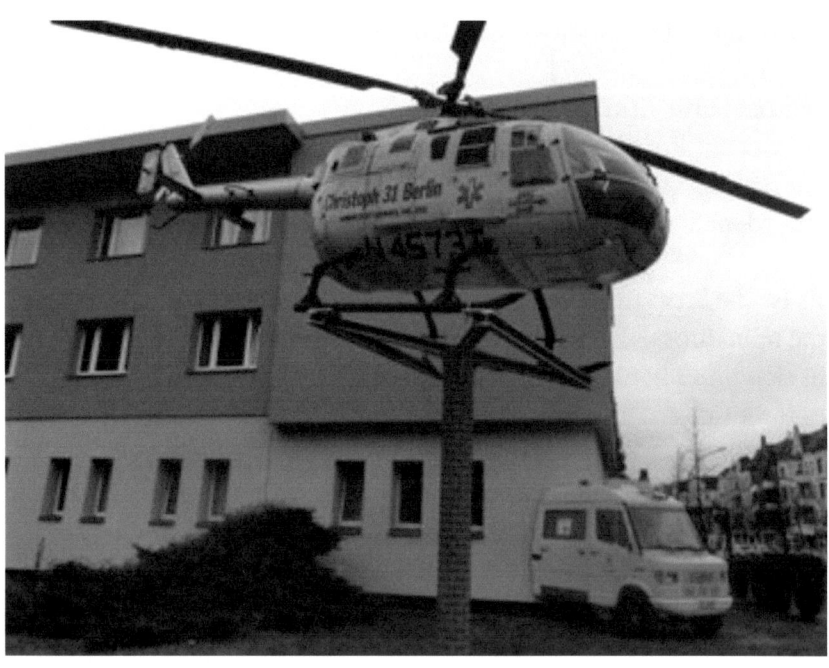

Der Bilderbaukasten

Gerade in der Weihnachtszeit
ist das Denken sehr bereit,
häufig assoziieren weit zurück,
was empfand ich als Kind als Glück.

Stundenlanges und ungehetztes Spielen
mit den Kindersachen, den vielen.
Getan wurd, wozu man hatte gerade Lust,
fremd und ungebraucht der Begriff Frust.

Freude machte ein Reih von Dingen,
Spannung lag in manch' Gelingen.
Ansporn und Ehrgeiz waren meist dabei,
Anerkennung anderer einem nicht einerlei.

Und ich konnte schon was bieten,
beschäftigte ich mich mit meinen Favoriten.
Bilderbaukästen besetzten eine vordere Stelle,
mochte sie sehr, auf alle Fälle.

Bausteine drehen, passende Bilder suchen,
aus vielen Stücken bestand der Kuchen.
Gleich einem Puzzle, nur größere Würfelteile,
ohne Vorlage baute ich eine ganze Weile.

Sechs Darstellungen aus der Kinderwelt –
heiles Glück, unbezahlbar in Geld.
Erscheinungen konzentriert auf ihre schönste Weise,
Reflektionen laden zu einer traumhaften Reise.

Auf der befind ich mich öfters in der Gegenwart,
meine Seele nicht mit diesen Impressionen spart.
Doch in ihnen klafft heut eine empfindliche Wunde,
die von der Unwiederbringbarkeit jener Zeit gibt Kunde.

Nehm ich einen Bilderbaukasten zur Hand,
gelingt trotzdem nicht der Eintritt in das Land,
wo ich selbst noch ein Anderer war,
nicht beim Aufzählen der Unterschiede spar.

Ich bin darüber nun nicht resigniert,
weil auch die Aktualität bei mir regiert.
Aber diese Erinnerungen geben dem Wunsch Zunder,
dass im Leben passiert ein ersehntes Wunder.

Das Normale

Wir müssen verpusten,
vor Anstrengung husten,
die Feier schlaucht,
der Spaß verraucht.

Wie sehr wir sie lieben –
„die Wolke Sieben",
der Zwang zum Verschnaufen
lässt sich nicht umlaufen.

So seien wir ehrlich,
immer „high" ist beschwerlich,
beglückt packen aus die Ruhe
aus des Daseins reicher Truhe.

Deshalb ist's 'ne gute Wahl,
zu leben eben ganz normal
und wenn's dann wieder funkt,
setzen wir einen neuen Höhepunkt.

Gottes Wunder

Nun, der Einzelne hat nicht jene Größe,
dass er kann über jede Mauer schauen.
Klug ist's, einzugestehen diese Blöße
und dem Wissen vieler Anderer zu vertrauen.

Was können jene ihm berichten
von den Dingen und Vorgängen unserer Welt?
Unterschieden in so viele Sparten und Schichten,
wie viele Geheimnisse wurden schon erhellt.

Sinn und Zweck häufig dabei geklärt.
Fragen gelöst und wieder neu gestellt.
Angriffe von Pessimisten und Nörglern abgewehrt,
Begeisterung sich dem Tun hinzugesellt.

Denn ein Maß von Registrieren und Entdecken
lässt anerkennen, vielfach staunen nur.
Wem gilt's, als Dank den Tisch zu decken
und komponieren eine Hymne in Dur?

Wenn befreien wir uns aus des Nichtigen Grunde,
Kreisel der Gewohnheit aufhören zu drehen,
nicht dem Kleingeist reden stets zu Munde,
dann werden wir den zu Verehrenden sehen!

Gott legte das Wunder in die Wiege.
Ewig dankbar nehmen wir es wahr!
Kraftvoll widersetzend mancher Lüge,
unbeeinflusst sehen wir das Ganze klar!

Andrea Berg

Wenn sich Lied und ihr Blick vereinen,
Melodie die Augen noch sehnsüchtiger schauen lässt,
kann kein Licht dieser Erde heller scheinen,
der Grund allen Daseins uns an den Händen fässt.

Wie verzaubert und entzückt wir uns empfinden,
entfernen rasch uns aus unserer Sinnenwelt,
müssen uns für dieses Glück kein bisschen schinden,
haben unbewusst die Last jeglicher Existenz abgestellt.

Weil wir weder Raum noch Zeit nun spüren,
alle möglichen Gefühle sind zentriert vereint,
gleiten so durch der Ekstase schwingende Türen,
Andrea Berg – hat die Lust auf das Unbekannte gemeint.

Ja, sie gibt uns, die Richtung zu suchen,
weil kaum jemand weiß, wo und wie es ist,
auf die hundert Alltäglichkeiten wir fluchen,
denn es verstreicht Jahr auf Jahr unsere Frist.

Bald singen wir gemeinsam ihre Lieder,
Andreas Lächeln unsere Zuversicht ins Unermessliche treibt,
die kindliche Hoffnungsfreude kommt wieder,
wir wünschen, dass sie auf ewig bleibt.

Das wirkliche Leben

In einem pausenlosen Fluss unendlicher Gegebenheiten
treibt auch unser, jedem sein eigenes Leben mit.
Nur beschränkt können wir es in gewünschte Richtungen lenken,
denn ein Netzwerk von Gesetzen regelt Menschen Schritt.

Vieles ist so außerhalb erhoffter Machbarkeit,
hängen innig, aber unsinnig gewissen Träumen nach.
Der Weg zum wirklichen Leben real unendlich weit,
unser Körper und auch Geist werden vorzeitig schwach.

Aber was soll das wirkliche Leben sein?
Eines, wo begreifen und diktieren wir unser Tun;
nicht der schnelle Wechsel der Momente erzeugt nur Schein,
Licht von wahrer Erlebbarkeit erleuchtet nun.

Dann ist die Möglichkeit tiefen Genusses gegeben,
keine Zerreibung zwischen „Gestern", „Heute" und „Morgen",
die Gedanken nicht ständig zum x-entferntesten Punkt streben,
das „Jetzt" uns darum bleibt nicht länger verborgen.

Das wirkliche Leben erfordert anderen Raum, andere Zeit;
benötigt neue menschliche Organisation und Struktur.
Der Weg dorthin droht real unendlich weit.
Derzeit die Sehnsucht und das Warten bleiben nur.

Der Frauenarsch

Verzeiht mir dieses obszöne Wort
und dreht Euch nicht angewidert fort!
Denn wissen wir doch alle recht genau –
Moral und Anstand stellt man gern zur Schau!

Doch dieses Bild lässt viele froh zucken,
das Gelüst will sich nicht länger ducken.
Die Kanone wird freudig erregt geladen.
Nur wer verklemmt ist, der nimmt Schaden.

In konzentrierter Verzückung geht's ans Reiben,
wenige Dinge nur so überzeugt wir treiben.
Danken dem Mechanismus der eigenen Natur,
Sattheit stellt ein sich für kurze Zeit nur.

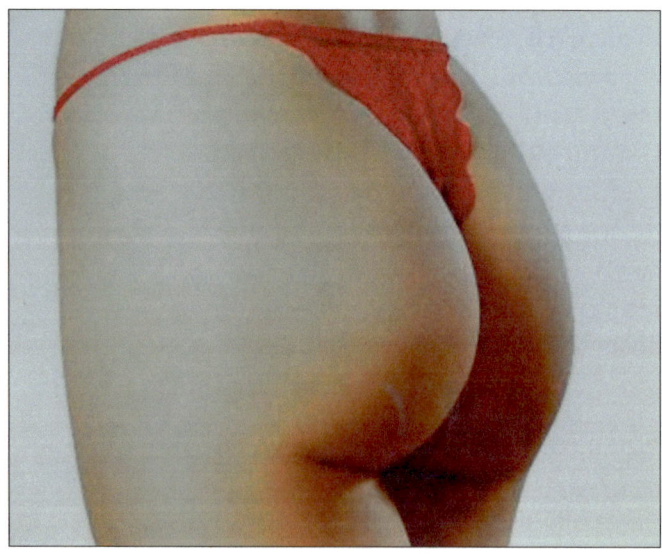

Eine Weile später die Blicke wieder schweifen,
die Phantasie die Wirklichkeit kann greifen.
Ständig dabei wird getankt Seelenkraft,
wenn vielleicht der Körper noch ist geschafft.

So sehen und nehmen wir es als Gabe pur,
dass dieser Trieb wirkt oft wie 'ne Kur.
Im intensiven, schnellen Wechselspiel der Gedanken
weisen manch Negatives kurzum in die Schranken.

Neben den anspruchsvollen bis genialen Ideen,
die wir in Religion, Kunst und Wissenschaft sehn,
existiert gleichberechtigt die „sündige" Vorstellung mit Recht,
denn Freude erhalten, ist wahrlich nicht schlecht.

Farbengedicht

Augen – welche Ehren
müssten euch zuteilwerden.
Wer will euch den Sieg verwehren
im Vergleich der Wunder auf Erden?
Ein Ergebnis der Evolution,
pragmatischer, luxuriöser Form,
Zuspruch Gottes in höchstem Ton,
für die Bewunderung braucht's keiner Norm.

Sehen, sehen, sehen
Farben überwältigender Art,
in einem Rausch sich drehen,
es lohnt die Lebensfahrt!

Zwei Seelen und der Frühling

Am Anfang des Frühlings ist's geschehen,
Mann erblickt Frau, Frau erblickt Mann.
Sie haben im Gegenüber die Begierde gesehen,
doch entscheidet's, ob die Beklemmtheit abgelegt werden kann.

Weil wir Menschen so manche Eigenart in uns tragen,
unter anderem, dass zwischen Wunsch und Tun so viel liegt,
diese Passivität deshalb wir wiederholt beklagen,
schnell aber auch beim nächsten Mal wieder der Mut verfliegt.

Sollt ihn einer von beiden jedoch nicht verlieren,
dann steht immer noch das Hindernis der Überspielung.
Es ist das Ungewöhnliche, wo wir anfangen, uns zu zieren,
fremd finden wir uns selbst in dieser Verstellung.

Erschwerend, die beiden müssen sich nun beeilen,
die Zeit der Gelegenheit ist nur kurz bemessen.
Die Chance wär vertan, wenn sie in ihrem Ich verweilen.
Plötzlich hat der Einspruch des Frühlings wie ein Faustschlag gesessen.

Die Milde der Temperatur und der Liebreiz der Blumenfarben,
das Grün der Blätter und ein aufreizender Blütenduft
haben bewirkt, dass beide die Gunst nicht verdarben.
Tatsächlich fassten sie sich an den Händen, springend in die Luft.

Meine Söhne
< An Edwin und Edmond >

Ach, mein Innerstes fängt an zu beben,
alles, was mir wert in meinem Leben,
sind meine Söhne ohne Hauch von anderem Denken,
ihnen das begreifbar Mögliche möcht schenken!

Ihre Seelen sind von Reinheit und Milde,
keine bösen Gedanken und Intrigen je im Schilde.
Unverdorben, voller Güte und Frohsinn handeln,
auf der Empore einer anspruchsvollen Ethik wandeln.

Die dunkle Seite des Lebens könnt auch sie verbiegen,
sodass sie mit ihrem Tun nicht immer im Optimum liegen.
Aber die Weichheit ihrer Herzen vertreibt jene Schrecken,
die Gewissheit des siegreichen Guten muss sich nicht verstecken.

All das ist keinesfalls zu dick aufgetragen,
würde eine beschämende Übertreibung hier nicht wagen.
Alles ist viel zu ernst und tut tief bewegen.
Mein gemeinsames Leben mit ihnen ist ein Segen.

Ja, so soll ohne Einschränkung es immer bleiben,
ohne Einwand auf ewig vorliegende Zeilen schreiben.
Ich brauch nicht suchen, hab das Wahre gefunden.
Zähle nicht, sondern genieß die glücklichen Stunden!

Das Signal

Warten, nochmals Warten, in des Ganges Zeit;
innerlich der Schrei für ein langes Bereit!
Fließen, immer wieder Fließen, des Moments an einem vorbei;
der doch einziger Wunsch, verbunden mit seinem Schrei!

In unserem Dasein auf nervig Vieles reagieren;
eingeschlossen, in den Regeln des Spieles funktionieren!
Werte, die ungewollt, automatisch dem Geist eingeimpft,
auf Unberührendes, Fernes gestelzt dreist geschimpft!

Was wahrhaft der Seele Saiten lässt erklingen;
Gäste, die so ersehnt, uns ein emotionales Fest bringen!
Dies alles ist durch pragmatisches Geröll stark verschüttet,
braucht's einer Kraft, die bis ins Mark gerüttet!

Schlimm, wenn wir uns schließlich in Routine verlieren;
zu einer relativ unsensiblen Maschine mutieren!
Die Signale nicht mehr aufnehmen, geschweige versenden;
unserem eigentlichen Ziel und Vorhaben feige abwenden!

Was wollen wir denn in unserer tiefen Sehnsucht;
wo die verschiedenen inneren Stimmen nur riefen: „Flucht!"
Denn sie möchten uns lediglich vor Kränkung bewahren;
Artgenossen sich um uns zusätzlich aus Bedenkung scharen!

Aber jetzt alles beiseite für ein enthemmtes Wagen;
verlassen die Bedingungen und Alibis für beklemmtes Klagen!
Denn es gibt nur diesen Weg zum persönlichen Glück;
Machen, nochmals Machen, ohne das gewöhnliche Zurück!

Senden der eigenen Botschaft mit Gesten, Worten, Lächeln;
kontinuierlich sich ermahnen, bei keinen Sorten schwächeln!
Ausdauernd und hoffnungsfroh den gezielten Zweck begleiten;
Wunderbares wird uns ein Mensch mit Herz am rechten Fleck bereiten!

Die Romantik

Wenn wir so mit uns zufrieden,
unbeschwert in den Tag marschieren,
vielleicht noch ungezwängte Pläne schmieden,
dann kann uns Glückliches passieren.

Wir haben die Antennen ausgefahren
für Dinge mit einer positiv-emotionalen Resonanz.
Fortgewandert von Strukturen, logischen und klaren,
fühlen wir in uns der Gefühle zarten Tanz.

Schon gleich werden uns Situationen begegnen,
in denen wir Schönheit und Majestanz verspüren.
Unsere Gerührtheit schreitet, uns zu segnen,
möcht fortan uns zum königlichen Romantiker küren.

Ausgegrenzt und ausgewiesen ist das Lapidare,
wobei auch das ganz Simple uns rühren kann.
Gefunden in der Lebensmenge wird das Rare,
ungefragt des Ortes „Wo", der Zeit „Wann".

Der Radius

Jeder Mensch in seinem Tun und Schaffen
verfügt über oder zieht einen Wirkungsradius.
Zwischen Anspruch und Wirklichkeit können Lücken klaffen,
das Meiste bleibt eh in Bewegung und im Fluss.

Nun wahrlich werden viele Radien sich nie berühren,
zu weit sind sie auseinander und dazu zu klein.
Die imaginären Schnittmengen werden nicht zur Erhöhung führen,
doch gerade sie strahlen uns der Sehnsucht magischen Schein.

Deswegen ist der Wunsch so häufig anzufinden,
seinen eigenen Aktionsradius erheblich zu erweitern,
mit Hilfe der Medien sich grenzüberschreitend anzubinden,
das Sichtfeld und das Wahrgenommenwerden zu verbreitern.

Doch ist's ein Irrtum, letztlich anzunehmen,
dass immer größere Radien die Zufriedenheit steigern.
Niemand braucht, sich eines kleineren Wirkungskreises zu schämen,
und dem Sinn eines normalen Maßes sollte man sich nicht verweigern.

Denn der Mensch hat nach wie vor Mund, Nase, zwei Augen und zwei Ohren
und er kann nur an einem Platz verweilen und dort tätig sein.
Deshalb geht bei einem übergroßen Radius das Meiste eh verloren.
Vieles gestaltet sich nur noch künstlich und ist oberflächlicher Schein.

Der Beweis Gottes

Ich – nicht der Erste, nicht der Letzte, sollt's ihn jemals geben,
möchte meine Gedanken und Überzeugungen zum Titel geben,
immer wieder zentrale Thematik in unser aller Leben,
fundamentale Bedeutung der Antwort – für das Verhalten im Leben!

Im gesamten Prozess, seitdem Menschen denken und überlegen,
immer wieder auf die bekannten W-Fragewörter Antworten überlegen,
war und ist stets die Rolle Gottes zugegen,
waren und sind mannigfaltige Variationen und Bilder von ihm zugegen.

Das ist nicht Zufall, sondern Abbildung der gesamten realen Welt,
in ihr ist Gott eingeschlossen, untrennbarer Bestandteil von Welt,
eine andere Existenzweise, die sich in den Dingen des Seins erhellt,
auch für Menschen, die einen gewissen Horizont überschreiten, erhellt.

Jahrtausende schon erkennen die Leute ewig wiederkehrende Kategorienpaare,
gut-böse, reich-arm, schlau-dumm sind sehr geläufige Paare,
aber auch endlich-unendlich, begrenzt-unbegrenzt, das Erscheinende und Wahre,
dabei ist in der finalen Implikation Einzelheit-Allheit/Gott das Wahre.

Geht man einen x-beliebigen Abstraktionsweg zu Ende,
so steht und wartet stets Gott am Ende,
er ist sozusagen die höchste und letzte Denkbarkeit und Wende
zu einem Gebilde, zu der sich ein Mensch niemals kann wende'.

Wenn die Menschen in ihrem Handeln nach Sinn fragen,
täglich den Kindern etwas logisch erklären, wenn diese nachfragen,
so kommen sie zum höchsten Sinn, indem sie zu Gottes Existenz „Ja" sagen,
letztlich nur dadurch einer bestandsfähigen Werthaftigkeit zusagen.

Wer in die Natur schaut, erlebt eine Vielzahl Konstanten,
eine in sich tragfähige Struktur, Harmonie der relationalen Konstanten,
wer das alles als Zufall postuliert, stößt sich an eigenen Kanten,
entwirft statt eines logischen Seinsbildes, eines mit Ecken und Kanten.

Gott ist die einzige plausible Macht, die alles konnte schaffen,
eine Ordnung mittels Prinzipien in ein ursprüngliches Chaos zu schaffen,
der Plan für Werden, wo sonst ein undenkbares Nichts würd klaffen,
ohne ihn selbst in unseren Denkanalysen und -mustern Lücken klaffen.

Es ist auch nicht so, dass Gott uns nicht würd erhören,
wenn wir Menschen hoffen, dass er unsere Bitten kann hören,
nur manche Personen in ihrer Anmaßung diese Gewissheit stören,
lässt sich jedoch die große Grundeinheit Gott-Mensch nicht stören.

Millionenfach zu allen Zeiten sahen wir unsere Hoffnungen erfüllt,
die Grundbedingungen für ein normales, friedvolles Leben erfüllt.
Gott hat so ungerechnet viele Dürste nach Liebe gestillt,
hat unsere Sehnsucht nach intakter Familie und Freunden gestillt.

Wie viele Menschen haben das Gott als Leistung zugepriesen,
haben Gott als Helfer für empfangenes Glück geehrt und gepriesen,
wer hat sich in der Beurteilung von Welt als Maßstabsgerechter erwiesen,
hat beim Auftreten negativer Erfahrungen sich als Gottestreuer erwiesen.

Freilich, die Menschheitsgeschichte, wie die der ganzen Natur,
ist eine widersprüchliche, ausgewiesen auch durch die Dialektik der Natur,
so lassen sich Katastrophen und Tragödien anreihen an einer Schnur,
entsprechend die Gottesvorwürfe und -zweifel verfolgen an langer Schnur.

Nur müssen wir die Miseren begreifen als Teil vom gesamten Systemgefüge,
als Keim schon gepflanzt als Voraussetzung für Entwicklung im Gefüge,
eine Notwendigkeit, die aber nicht die Wahrheit Gottes hinstellt als Lüge,
keine Kausalität, die die Ansicht von Gottes mildtätiger Art fasst als Lüge.

Wenn wir von heute in die weite Vergangenheit schauen zurück,
die Entwicklung der Welt seit Jahrtausenden verfolgen zurück,
dann haben wir auch in den schwärzesten Momenten gehabt das nötige Glück,
gab Gott seinem Plan, einbegriffen die Menschheit, stets Zukunft und Glück.

Sehnsucht

Ahn nicht, wann sie mich ergreift.
Ahn nicht, welchen Inhalt hat das Sehnen.
Erfahr erst, wohin die Reise schweift.
Erfahr erst, wie meine Gefühle sich dehnen.

Wenn sie mich ergreift, nie ohne Schmerz.
Wenn sie mich erfasst, drückt sie auf mein Herz.
Ist da immer Wehmut, die meinen Geist ummischt.
Ist da immer Angst, dass eine Flamme erlischt.

Trotzdem ist kein Wille, sie zu verdrängen.
Trotzdem ist es das Gegenteil von Beengen.
Es ist ein Zustand, die eigenen Grenzen zu überfliegen.
Es ist, als würde man seine faktische Beschränktheit besiegen.

Die Sehnsucht lässt sich in zwei Grundlinien erleben.
Die Sehnsucht, die uns treibt, nach Unbekanntem zu streben.
Sie aber auch assoziiert zu Momenten unserer Geschichte zurück.
Sie aber auch erinnert an fernes, unwiederbringbares Glück.

Deshalb ist die Sehnsucht ein doppelschneidiges Schwert;
mit ihrer beklemmenden Seite abgelehnt, mit ihrer inspirativen begehrt.

Der Blick nach vorn zurück

Hab ich schon sehr viel geschrieben,
das im Geiste mich bewegt.
Noch etwas ist übrig geblieben,
was mich am meisten wohl erregt,
ständig an meinem Frieden sägt.

Schaue ich in ferne Jahre,
weite Zukunft gern genannt,
fehlen mir nicht bloß paar Haare,
sondern Gott nahm mich an seine Hand,
wer hat mich wohl noch gekannt?

Luft gemischt mit großer Trauer
und der Wind bringt Nachschub zu,
eingestürzt, zerbröckelt ist die Liebesmauer,
für ewig gebaut, zerstört im Nu,
vergangene Zeit von Du und Ich und Ich und Du!

Doch noch eisiger wird der Blick,
wenn die Wärme auch deinen Liebsten wird entzogen,
zerfallen ein Werk Stück für Stück,
für das die Kräfte aus den Zeilen gesogen,
um welchen Sinn wird man betrogen?

Ist es auch Naturgeschehen,
unendliche Male auf der Welt wiederholt,
als Notwendigkeit jedoch nicht einzusehen,
jede Gesetzesdeklaration sei verkohlt,
gehört das Sein ganz neu besohlt!